Psicoterapia para todos

Dados Internacionais de Catalogação na Publicação (CIP)
(Câmara Brasileira do Livro, SP, Brasil)

Frankl, Viktor E. (Viktor Emil), 1905-1997
  Psicoterapia para todos : uma psicoterapia
coletiva para contrapor-se à neurose coletiva / Viktor E. Frankl ;
tradução de Antônio Estêvão Allgayer ; revisão técnica de Helga
Hinkenickel Reinhold. – 3. ed. – Petrópolis, RJ : Vozes, 2018.

  Título original: Psychotherapie für den Laien

  7ª reimpressão, 2025.

  ISBN 978-85-326-0161-2

  1. Logoterapia 2. Psicoterapia I. Reinhold, Helga
Hinkenickel. II. Título.

18-19261   CDD-616.8914
                                                      NLM-WM 420

Índices para catálogo sistemático:
1. Psicoterapia : Medicina 616.8914

Cibele Maria Dias – Bibliotecária – CRB-8/9427

VIKTOR E. FRANKL

Psicoterapia para todos

Uma psicoterapia coletiva para
contrapor-se à neurose coletiva

Tradução de Antônio Estêvão Allgayer
Revisão técnica de Helga Hinkenickel Reinhold

Petrópolis

© Viktor E. Frankl, publicada por intermédio do Estate of Viktor E. Frankl

Tradução do original em alemão intitulado *Psychotherapie für den Laien*

Direitos de publicação em língua portuguesa – Brasil:
1990, 2018, Editora Vozes Ltda.
Rua Frei Luís, 100
25689-900 Petrópolis, RJ
www.vozes.com.br
Brasil

Todos os direitos reservados. Nenhuma parte desta obra poderá ser reproduzida ou transmitida por qualquer forma e/ou quaisquer meios (eletrônico ou mecânico, incluindo fotocópia e gravação) ou arquivada em qualquer sistema ou banco de dados sem permissão escrita da editora.

CONSELHO EDITORIAL

Diretor
Volney J. Berkenbrock

Editores
Aline dos Santos Carneiro
Edrian Josué Pasini
Marilac Loraine Oleniki
Welder Lancieri Marchini

Conselheiros
Elói Dionísio Piva
Francisco Morás
Teobaldo Heidemann
Thiago Alexandre Hayakawa

Secretário executivo
Leonardo A.R.T. dos Santos

PRODUÇÃO EDITORIAL

Anna Catharina Miranda
Eric Parrot
Jailson Scota
Marcelo Telles
Mirela de Oliveira
Natália França
Priscilla A.F. Alves
Rafael de Oliveira
Samuel Rezende
Vanessa Luz
Verônica M. Guedes

Editoração: Elaine Mayworm
Diagramação: Sheilandre Desenv. Gráfico
Revisão gráfica: Alessandra Karl
Capa: WM design

ISBN 978-85-326-0161-2 (Brasil)
ISBN 3-451-01887-X (Alemanha)

Este livro foi composto e impresso pela Editora Vozes Ltda.

Dedicado a Gertrud Paukner.

SUMÁRIO

Prefácio, 9

Introdução – O ser humano em busca do sentido, 11

A problemática da divulgação de temas psiquiátricos, 25

Psicanálise e psicologia individual, 32

A atitude fatalista, 38

A existência provisória, 45

A massa e o dirigente, 50

Higiene psíquica do envelhecimento, 57

Higiene psíquica do amadurecimento, 62

Hipnose, 67

A angústia e as neuroses de angústia, 73

Sobre a insônia, 80

Hipocondria e histeria, 86

Sobre o amor, 92

Sobre a neurose de angústia e a neurose obsessivo-compulsiva, 98

Narcoanálise e psicocirurgia, 104

Melancolia, 110

Esquizofrenia, 116

A angústia do ser humano diante de si mesmo, 121

A doença do executivo, 126

Eutanásia ou homicídio coletivo?, 131

O poder de obstinação do espírito, 138

O problema corpo e alma sob o aspecto clínico, 145

Espiritismo, 151

O que diz o psiquiatra sobre a arte moderna?, 156

O médico e o sofrimento, 162

Seria o ser humano produto da hereditariedade e do meio
ambiente?, 168

Pode a alma ser medida e pesada?, 174

Anexo – O livro como meio terapêutico, 181

PREFÁCIO

Nos anos de 1951 a 1955 fui convidado pelo departamento científico da Emissora Radiofônica Vienense "Rot-Weiss-Rot" para proferir conferências mensais sobre temas psicoterápicos. Depois que as primeiras sete conferências radiofônicas apareceram na forma de um livro, decidi dar à publicidade uma coletânea selecionada de outras conferências, incluindo, naturalmente, as primeiras, substancialmente ampliadas e completadas com notas ao pé de página. Decisiva para tal procedimento foi a repercussão que as conferências haviam obtido e da qual dão prova as muitas missivas por mim recebidas de círculos de ouvintes. Entendi estar em débito para com eles no sentido de propiciar-lhes uma releitura dos conteúdos radiofonizados. Acalentei, além disso, a esperança de, por esse meio, multiplicar o efeito das conferências. Visava particularmente ao efeito psico-higiênico. Pretendia menos comentar psicoterapia do que fazer psicoterapia – *psicoterapia diante do microfone*. A radiodifusão serviria a este propósito: uma psicoterapia coletiva, apropriada para contrapor-se à neurose coletiva.

Cada uma das conferências constitui uma unidade em si mesma. Esta a razão por que foram inevitáveis as superposições e também as repetições. Estas últimas oferecem uma certa vantagem, porquanto poderão ser didaticamente úteis. No que tange ao estilo das conferências, foi conservada a linguagem em que foram proferidas, com o risco de que a redação possa afigurar-se a um ou outro leitor como insossa. Obviamente discurso oral não é texto escrito. Ademais, uma conferência radiofônica destinada ao grande público de modo algum poderia ser equiparada a uma dissertação científica.

Viktor E. Frankl

INTRODUÇÃO

O SER HUMANO EM BUSCA DO SENTIDO*

O título abrange mais de um tema. Compreende uma definição e uma interpretação do ser humano. Versa sobre o homem como um ser que, propriamente e em última instância, se encontra à procura de sentido. Constituído e ordenado para algo que não é simplesmente ele próprio, direciona-se para um sentido a ser realizado, ou para outro ser humano, que encontra. Ser homem necessariamente implica uma ultrapassagem. Transcender a si próprio é a essência mesma do existir humano.

Não é verdade que o ser humano, própria e originalmente, aspira a ser feliz? Não foi o próprio Kant quem reconheceu tal fato, apenas acrescentando que a pessoa deve desejar ser *digna* da felicidade? Diria eu que o ser humano realmente quer, em derradeira instância, não a felicidade em si mesma, mas antes um *motivo* para ser feliz. Deveras, tão logo se sinta motivado para ser feliz, a felicidade e o prazer por si mesmos se fazem presentes. Kant, em sua obra Metafísica dos *costumes* (*Metaphysik der Sitten*), relativamente à "Segunda Parte" dos *Primeiros princípios metafísicos da doutrina da virtude* (*Metaphysichen Anfangsgrunden der Tugendlehre* – Königsberg, bey Friedrich Nicolovius, 1797, seite VIII f.), escreve "que a felicidade é a *consequência* do cumprimento do dever" e

---

* Conferência pública proferida por ocasião do XIV Congresso Internacional de Filosofia. Viena, 1968.

que "a lei deve ser colocada antes do prazer para que este possa ser experimentado". Entretanto, o que antes se disse da lei em conotação com o cumprimento do dever é válido, no meu entender, num contexto bem mais amplo, sendo aplicável aos campos da moral e da sensualidade. Sobre essa matéria nós neurologistas poderíamos compor hinos... Com efeito, no dia a dia do atendimento clínico renovadamente se confirma que a ausência do "motivo de ser feliz" impede de serem felizes pessoas sexualmente neuróticas. Isso se aplica em especial ao homem com perturbações de potência ou à mulher frígida. Onde buscar a causa desse desvio do "motivo de ser feliz"? A causa se radica numa busca forçada do prazer pelo prazer, do prazer em si mesmo. Kierkegaard tem toda a razão quando sustenta que a porta da felicidade se abre para fora e se fecha para quem intenta "arrombá-la".

Como explicar isso? É que o ser humano é permeado, em profundidade e em instância culminante, não pela vontade do poder nem tampouco pela vontade de prazer, mas sim pela vontade de sentido. E é exatamente em razão dessa vontade de sentido que o indivíduo se propõe a encontrar e realizar o sentido e, ainda, se move para o encontro com o outro na forma de um tu, a quem possa amar. Realização e encontro constituem para a pessoa um motivo de felicidade e de prazer. No neurótico, entretanto, tal impulso primário resvala para uma busca *direta* da felicidade, para a vontade de prazer. Em vez de o prazer, quando chega a se manifestar, ser o que é ou o que deve ser – um efeito (o efeito colateral de um sentido e de um encontro) –, por ele é erigido em meta de uma intenção forçada, uma hiperintenção. Com a hiperintenção alinha-se uma hiper-reflexão. O prazer se configura, nesse modo de encará-lo, como único conteúdo e objeto da atenção. No entanto, na medida em que o neurótico põe o prazer no centro de suas preocupações, perde ele de vista o *motivo* do prazer – e o efeito "prazer" não mais pode vir a produzir-se. Quanto mais se é voltado ao prazer como fim em si mesmo, tanto mais este se esvai, ou não emergirá.

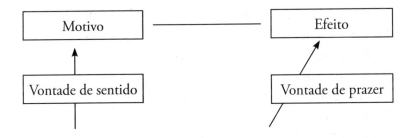

É fácil perceber a forma como a hiperintenção e a hiper-reflexão são reforçadas em sua influência deletéria sobre a potência e o orgasmo, quando o ser humano condenado ao fracasso da vontade de prazer busca refúgio no aperfeiçoamento técnico do ato sexual para salvar o que for possível. "O casamento perfeito" só lhe arrebata o último resto daquela espontaneidade cujo solo é o único a oferecer condições para que a felicidade no amor possa florescer. Por outro lado, a pressão do consumismo sexual impele, nos dias atuais, em especial os jovens, para a hiper-reflexão, com intensidade tal que não surpreende o aumento da percentagem das neuroses sexuais no registro de nossas clínicas.

O indivíduo de hoje é inelutavelmente propenso à hiper-reflexão. A Professora Edith Joelson, da Universidade de Geórgia, pôde comprovar que para o estudante norte-americano a autointerpretação (*self-interpretation*) e a autorrealização (*self-actualization*), em medida estatisticamente significativa, se situam no mais alto degrau da escala de valores. Evidentemente se trata de uma obviedade saturada pela doutrinação de um psicologismo analítico e dinâmico, que leva o americano culto a detectar, de forma constante, os mecanismos inconscientes que subjazem ao comportamento consciente. No que tange à autorrealização, permito-me sustentar que o ser humano é capaz de levá-la a bom termo somente na medida em que ela é consectária do sentido. O imperativo de Píndaro, segundo o qual a pessoa deve vir a ser o que sempre tem sido, carece de um complemento, que vislumbro nesta assertiva de Jaspers: "O que o homem é, ele se torna através da causa que ele fez sua própria".

Assim como o bumerangue somente volta ao caçador que o arremessou quando não acerta o alvo, ou seja, a caça, empenha-se com intensidade na autorrealização aquele indivíduo que uma vez viu frustrada a realização de sentido e talvez sequer possua condições para encontrar o sentido da realização de que aqui se trata.

Algo análogo sucede com a vontade de prazer e com a vontade de poder. Enquanto o prazer configura efeito colateral da realização de sentido, o poder se constitui em meio para um fim na medida em que a realização de sentido se achar vinculada a certas condições e pressupostos sociais e econômicos. E quando o ser humano é motivado apenas pelo efeito colateral do "prazer", ou quando se *restringe* tão só ao meio para a consecução de um fim chamado poder? Tenha-se presente que não se chegará à formação da vontade de prazer e da vontade de poder senão depois de frustrada a vontade de sentido. Em outros termos, o princípio de prazer, assim como o desejo de se impor, não passam de motivação neurótica. Isso considerado, consegue-se entender que Freud e Adler, os quais haviam feito suas descobertas a partir de pessoas neuróticas, desconhecessem a orientação primária do ser humano para o sentido.

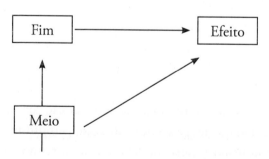

No entanto, já não nos defrontamos, como no tempo de Freud, com uma fase histórica de frustração sexual. Nossa época se caracteriza pela frustração existencial. E é notadamente o jovem a maior vítima da frustração da vontade de sentido. "O que teria a dizer Freud ou Adler à geração atual?", pergunta Becky Leet, redatora-chefe de um jornal editado pelos estudantes da Universidade de Geórgia. "A resposta eles possuem: Temos a pílula, que liberta das consequências da realização sexual. Já não existe, portanto, razão médica para a repressão da sexualidade. E temos poder. Para constatá-lo, basta lançarmos um olhar sobre os políticos americanos, que tremem perante a nova geração, ou sobre os guardas vermelhos da China. Quem dá a resposta à questão em apreço é Frankl, quando diz que as pessoas vivem, na atualidade, num vazio existencial e que esse vazio existencial se manifesta sobretudo através do tédio. Tédio – soa bem diferente e bem mais familiar, não é verdade? –: Quem não sabe de pessoas em seu redor a se queixarem de tédio, apesar de que lhes basta estender a mão para tudo possuir, inclusive o sexo de Freud e o poder de Adler?"

Na realidade, mais e mais pacientes nos procuram por sofrerem um vazio interior que tenho descrito sob a designação de vazio existencial. Eles padecem com a sensação de abissal ausência de sentido em sua existência. Seria erro supor que se trata de fenômeno circunscrito ao mundo ocidental. Ao contrário, foram dois psiquiatras tcheco-eslovacos, Stanislav Kratochvil e Osvald Vymetal, que, numa série de publicações, chamaram atenção para o fato de que "essa doença de hoje, a perda do sentido da vida, em especial entre os jovens, ultrapassa as fronteiras da ordem social capitalista e socialista". Osvald Vymetal, conquanto não escondesse o seu entusiasmo por Pavlov, declarou, por ocasião de um congresso nacional tcheco-eslovaco de neurologistas, que o médico de alma já não encontra, relativamente ao vazio existencial, a solução na psicoterapia orientada segundo Pavlov. A indicação de já ser evidente tal realidade nos países em desenvolvimento vamos encontrar em L.L. Klitzke ("Students in Emerging África – Logotherapy in Tanzania", *American Journal of Humanistic Psychology*, 9, 105, 1969) e em Joseph L. Philbrick (A *Cross-Cultural Study of Frankl's Theory of Meaning-in-Life*).

Sucede exatamente aquilo que Paul Polak previra em 1947. Numa conferência proferida na Associação de Psicologia Individual fez o seguinte comentário: "A solução da questão social apenas daria livre-curso à problemática espiritual, apenas a mobilizaria. O ser humano se tornará livre somente na medida em que reconhecer o que de problemático existe dentro dele, ou seja, a partir da descoberta de sua própria problemática existencial". Ernst Bloch tocou na mesma tecla, ao declarar: "Os homens recebem de presente aquelas preocupações que antes apenas teriam tido na hora da morte".

Se eu devesse denunciar as causas determinantes do vazio existencial, diria que elas são redutíveis a uma dupla realidade: a perda da capacidade instintiva e a perda da tradição. Contrariamente ao que sucede em relação ao animal, nenhum instinto revela ao indivíduo o que *precisa* (*muss*) fazer. E ao ser humano de hoje nenhuma tradição diz o que *deve* (*soll*) fazer. E não raro parece desconhecer o que efetivamente *quer* (*will*). Em virtude disso, nele se manifesta com redobrado vigor a tendência de querer apenas aquilo que os outros fazem ou de fazer somente aquilo que os outros querem. No primeiro caso nos deparamos com o conformismo. No segundo, com o totalitarismo. O primeiro predomina no hemisfério ocidental: o segundo, no hemisfério oriental.

Todavia, não se esgotam do conformismo e no totalitarismo as consequências do vazio existencial. Respondem aqueles também pelo recrudescimento das neuroses. Ao lado das neuroses psicogênicas, ou seja, das neuroses em sentido estrito, existem neuroses noogênicas, expressão que cunhei para designar as neuroses configurativas menos de doenças mentais do que de carência espiritual. São estados mórbidos assinaláveis, não raro, por sentimento abissal de falta de sentido. Nos Estados Unidos foram desenvolvidos testes, em centro de pesquisas psiquiátricas, mediante os quais é possível diagnosticar e diferenciar as neuroses noogênicas. James C. Crumbaugh utilizou, na pesquisa, o seu Teste-PIL (PIL = *Purpose in Life*), aplicando-o a 1.200 casos. A partir dos dados colhidos e examinados com o auxílio de um computador, foi-lhe possível constatar que a neurose noogênica constitui efetivamente quadro novo de enfermidade, estranho não somente à diagnose, mas também à terapêutica tradicional. Dados estatísticos coletados em Connecticut, Massachusetts, Londres, Tübingen, Würzburg, Polônia e Viena levaram à aceitação unânime do fato de 20% das neuroses serem noogênicas.

Se posso dar uma indicação sobre o crescente alastramento (não das neuroses noogênicas, mas) do vazio existencial, devo reportar-me a uma averiguação estatística que realizei com as pessoas presentes em uma preleção feita na Faculdade de Medicina de Viena. Dela se pôde deduzir que não menos do que 40% dos presentes admitiram conhecer, por experiência própria, o sentimento da falta de sentido de sua vida. 40%...! Entre os americanos presentes não eram 40; eram 81%.

A que deverá atribuir-se tal fato? Ao reducionismo dominante, mais do que em outra parte, nos países anglo-saxônicos. O reducionismo se trai através da expressão verbal "nada senão". Evidentemente ele não nos é estranho também neste país, nem o conhecemos apenas de hoje. Lá vão mais de 50 anos que meu professor de História Natural, caminhando numa sala de aula de nível médio, certa feita, proclamou: "A vida não é mais, em última análise, do que um processo de combustão, um fenômeno de oxidação". Sem solicitar a palavra, saltei de pé e lhe atirei apaixonadamente em rosto esta pergunta: "Assim sendo, que sentido tem então toda esta vida?" Conceda-se que, no vertente caso, o reducionismo se insinuava através de um "oxidacionismo"...

Tenha-se presente, contudo, o que significa para um jovem a declaração cínica de que os valores são *nothing but defense mechanisms and reaction formations* ("nada senão mecanismos de defesa e formações reativas"), conforme se diz no *American Journal of Psychotherapy.* Minha reação frente à teoria em referência foi a seguinte: No que me diz respeito, nunca e jamais me disporia a viver graças a minhas formações reativas ou a morrer em virtude de meus mecanismos de defesa.

Não desejaria ser mal interpretado. Em *The Modes and Morals of Psychotherapy* nos é proposta esta definição: *Man is nothing but a biochemical mechanism, powered by a combustion system, which energizes computers* ("O homem nada mais é do que um mecanismo bioquímico, governado por um sistema de combustão, que aciona e dinamiza computadores"). Ora, como neurologista daria meu aval à legitimidade de se considerar o computador como um modelo, por assim dizer, do sistema nervoso central. O erro se localiza nesse *nothing but.* Consiste na assertiva de que a pessoa *nada mais* é do que um computador. De fato o ser humano é um computador. Porém, ao mesmo tempo, é infinitamente mais do que um computador. Tem sentido admitir-se que as obras de um Kant e de um Goethe afinal configuram combinações das mesmas 26 letras do alfabeto que compõem os livros de Courths-Mahler e de Merlitt. Mas não é por esse fato que o alfabeto tem sua importância. Não se poderia afirmar que a *Crítica da razão pura* é tão importante como *Das Geheimnis der alten Mamsell* (*O segredo da velha governanta*), considerando-se uma e outra obra mero aglomerado das mesmas 26 letras. Seria o mesmo que possuirmos uma impressora e não uma editora.

Dentro dos limites de sua real dimensão, o reducionismo é sustentável. Porém *exclusivamente* ali. Seu equívoco reside no pensamento unidimensional. Sobretudo, frustra-se com ele o encontro de um sentido. O sentido de uma estrutura ultrapassa os seus componentes. Vale dizer, em última análise, que o sentido se situa em dimensão mais elevada do que os elementos que o constituem. Dessa sorte, é concebível que o sentido de uma série de eventos não reflita a dimensão em que tais eventos ocorram. Nesse caso, os eventos se ressentem de uma relação integradora. Admitamos que se trate de mutações a configurarem meros acasos. E demos por suposto que toda a evolução não passe de um acaso. Depende tudo do plano secante. Também uma curva senoidal recortada a partir da superfície plana sobre a qual repousa, em sentido vertical, deixa no plano secante apenas cinco pontos isolados, que permitem entrever a falta de uma conexão. Em outros termos, o que ali se perde é a sinopse, a visualização do sentido dos eventos, mais alto e mais profundo, conforme o caso – as partes da curva senoidal aparentes e submersas a partir da linha horizontal.

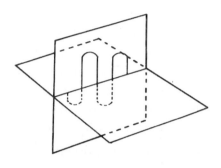

Voltando ao sentimento da falta de sentido, releva ponderar que o sentido não pode ser dado. Dar sentido resultaria em moralização. Ora, *a moral no sentido antigo em breve estará fora do jogo*. Mais cedo ou mais tarde teremos abandonado a moralização, ontologizando a moral. O bem e o mal já não se definirão como algo que devemos fazer ou que não nos é permitido fazer, respectivamente. Será considerado bom aquilo que nos leva à realização do sentido oferecido e reclamado pela nossa realidade ontológica e mau aquilo que obstaculiza a realização do sentido.

O sentido não pode ser dado. Deve ser encontrado. No entanto, se "dá um sentido" a uma prancha de Rorschach. Mas aí se trata de uma atribuição de sentido em razão de cuja subjetividade o sujeito do teste (projetivo) de Rorschach é "desmascarado". Na vida, o sentido não se oferece como outorga. É antes uma invenção, um encontro. A vida não é nenhum teste de Rorschach. Ela é, isto sim, um quadro enigmático. O que tenho designado como vontade de sentido aparentemente se relaciona com uma concepção estruturalista (Ges*talt*)[1].Wertheimer, com o peso de sua autoridade, afina pelo mesmo diapasão ao aludir ao caráter de exigência inerente a uma determinada situação do ser humano e atribuir um caráter objetivo a tal exigência.

Sentido, conforme se ressaltou, deve ser encontrado e não produzido. Aquilo que pode ser produzido ou é sentido subjetivo, mera sensação de sentido, ou é antissentido (contrassenso). Permite essa constatação compreender-se por que a pessoa incapaz de achar um sentido em sua vida foge dessa sensação de vazio cometendo absurdos, ou engendra um sentido subjetivo. Enquanto a primeira hipótese é confirmada no palco-teatro do disparate, o sentido subjetivo se compraz no entorpecimento, em especial o induzido por LSD – na situação produzida pela droga, o adicto fica exposto ao perigo de viver à margem da verdadeira vida. Ao invés de encontrar sentido em sua existência e desempenhar tarefas autênticas no mundo externo, imerge em situações subjetivas de sentido. Tal fato invariavelmente me traz à memória as cobaias em cujo hipotálamo pesquisadores californianos haviam implantado eletrodos. Toda vez que o circuito era fechado, os animais experimentavam satisfação do apetite sexual ou da compulsão para se alimentar. Por fim aprenderam a fechar eles próprios a corrente, sucedendo, com isso, ignorarem o parceiro real e o alimento verdadeiro que lhes eram oferecidos.

O sentido não somente deve, mas também pode, ser encontrado. Na busca do sentido o ser humano é orientado pela consciência. Em síntese, a consciência é um órgão de sentido. Poder-se-ia defini-la como a capacidade de revelar o sentido primordial e singular que cada situação traz em seu bojo.

---

1. Cf. CRUMBAUGH, J.C. & MAHOLICK, L.T. "The Case of Frankl's Will to Meaning". *Journal of Existential Psychiatry*, 4, 42, 1963.

Contudo, convém ter-se em conta que a consciência pode induzir o indivíduo ao erro. Porém há mais: até o momento derradeiro, até o último suspiro, não sabe o ser humano se efetivamente realizou o sentido de sua vida, ou se a respeito dele viveu na ilusão: *Ignoramus et ignorabimus* ("Desconhecemos e desconheceremos"). O fato de sequer no leito da morte sabermos se o órgão do sentido, que é a nossa consciência, afinal não esteja sujeito a um engano de sentido não significa, todavia, que a consciência de outrem não tenha estado com a verdade. Contudo, tolerância não significa indiferença. Acatar a fé do outro nem de longe implica identificar-se com o seu credo.

Vivemos numa época de tangível sentimento de falta de sentido. Importa, sobretudo em nosso tempo, que a educação não se limite a transmitir conhecimento, mas também dedique seus cuidados ao refinamento da consciência, a fim de que a pessoa adquira acuidade suficiente para perceber em cada situação concreta o desafio da exigência nela presente. Numa fase histórica em que para muitos os Dez Mandamentos já não possuem eficácia normativa, mister se faz prover o ser humano de meios para que possa perceber os dez mil mandamentos ínsitos às dez mil situações com que a vida o faz defrontar-se. Só assim a vida há de se lhe afigurar novamente plena de sentido e ele estará imunizado contra o conformismo e o totalitarismo, esses dois rebentos do vazio existencial. Pois só uma consciência vigilante manterá inexpugnáveis suas reservas internas, evitando que se renda ao conformismo ou se curve perante o totalitarismo.

Mais do que nunca a educação há de ser educação para a responsabilidade. Ser responsável é ser seletivo, possuir capacidade para escolher. Vivemos numa sociedade afluente, estamos superexcitados pelos meios de comunicação de massa e vivemos na idade da pílula. Se não quisermos sucumbir na total promiscuidade dessa avalanche de sensações, devemos aprender a distinguir o que é essencial do que não o é, o que tem sentido do que não o tem, o de que possa alguém ser responsabilizado por aquilo que escapa à liberdade de agir.

Minhas senhoras e meus senhores, não lhes falo como filósofo ou não lhes falo somente nessa condição, mas como psiquiatra. Nenhum psiquiatra, nenhum psicoterapeuta – e nenhum logoterapeuta – poderá dizer a um cliente o que é o sentido. Poderá, todavia, dizer-lhe com veracidade plena que a vida tem um sentido. E, mais do que isso, que esse sentido se preserva incólume sob todas as condições e em todas as circunstâncias, graças à possibilidade de se encontrar sentido também no sofrimento. Trata-se da capacidade de transfigurar em realização o sofrimento experimentado em nível humano. Em suma, de dar testemunho do que a pessoa é capaz até mesmo nos momentos de fracasso... Em outras palavras, consoante o que Lou Salomé escreveu para Sigmund Freud, quando este "não chegava a bons termos com a existência em declínio": É relevante que a "arte de alguém sofrer solidariamente por todos nós sirva como sinal daquilo de que é capaz".

Na realidade, a logoterapia não age em moldes moralistas, mas sim dentro de um quadro fenomenológico. Evitamos emitir juízos de valor sobre quaisquer realidades. Apenas constatamos realidades na vivência de valores experimentada por pessoas modestas e sinceras. E o indivíduo modesto e sincero é quem sabe da pertinência que tem com o sentido da vida o trabalho, o amor e, não em último lugar, o sofrimento suportado com bravura. E, assim sendo, procede a observação de Paul Polak, segundo a qual a logoterapia apenas traduz em linguagem científica uma evidência experimentada pelo ser humano modesto e sincero. Isso posto, pode sustentar-se que, na prática, o conhecimento das possibilidades de se encontrar na vida um sentido deve ser retraduzido na linguagem do homem comum, num remontar às fontes. Em suma, a fenomenologia verte esse saber fundamental em linguagem científica. À logoterapia cabe reverter a aprendizagem desse modo adquirida na linguagem do homem do povo, o que certamente será viável.

O Professor Farnsworth, da Universidade de Harvard, certa feita, ao endereçar-se à American Medical Association, ponderou: *Medicine is now confronted with the task of enlarging its function. In a period of crisis such as we are now experiencing, physicians must of necessity indulge in philosophy. The great sickness of our age aimlessness, boredon, lack of meaning and purpose* ("A medicina se encontra hoje diante da tarefa de alargar suas funções. Num período de crise como o que experimentamos agora, os médicos devem necessariamente integrar-se com a filosofia. O grande mal do nosso tempo é a ociosidade, o tédio, a falta de objetivo e de sentido"). Efetivamente, ao médico de hoje são dirigidas perguntas de natureza não médica, porém filosófica, para as quais talvez não esteja suficientemente preparado. Há pacientes que procuram o psiquiatra porque têm dúvidas sobre o sentido de sua vida, ou porque se encontram na iminência de desesperar de vez na frustrada busca do sentido em causa. Se cogitássemos de utilizar a filosofia como medicina, estaríamos apenas seguindo um conselho de Kant. Se a proposta causar repulsa, é de se indagar se tal não ocorre em consequência do medo de um confronto com o vazio existencial próprio.

Obviamente, pode alguém ser médico *sem* fazer caso de seus semelhantes. É válida, nessa circunstância, observação feita por Paul Dubois em situação análoga: "Como médicos nos distinguimos dos veterinários neste único aspecto – a clientela".

A PROBLEMÁTICA DA DIVULGAÇÃO DE TEMAS PSIQUIÁTRICOS

...coacervat nec scit quis percipiat ea.
...(acumula (informações) sem saber quem as pode entender).

Em relato de viagem de estudos aos Estados Unidos da América, escreve o Professor Villinger, psiquiatra de Marburgo, que a tendência à popularização e à difusão de pesquisas científicas ali dominante para alguns seria uma opção vantajosa, mas para outros um erro estético. De minha parte, preferiria propor uma apreciação intermediária: a propaganda certamente pode ter suas vantagens; mas a tendência à popularização se me afigura como um erro estético. Na verdade, enquanto a propaganda efetivamente leva ao povo, por exemplo, conhecimentos psico-higiênicos e psicoterápicos, de modo a ensejar que tenham ampla aplicação, contudo, não se pode negar que a popularização da psicoterapia por si mesma nem sempre é psicoterapia, não produzindo necessariamente efeitos psicoterápicos. Antes de descer a detalhes no desenvolvimento do tema e aduzir provas pertinentes ao que será exposto, vou citar, acerca do esclarecimento científico em geral, um autor cujos conhecimentos científicos o situam acima de qualquer suspeita e que é recordista em número de tentativas feitas para popularizar os seus ensinamentos. Refiro-me a Albert Einstein, e, particularmente, a uma observação dele segundo a qual o cientista se depara com o dilema de escrever usando linguagem inteligível e superficial, ou linguagem bem fundamentada e incompreensível[2].

Mas voltemos ao tema específico do esclarecimento psicoterápico. Verifica-se que o perigo de não ser entendido não é sequer o maior perigo presente, aliás, em todas as pretensões de popularização. Maior do que o perigo de não ser entendido é o de ser erroneamente entendido. Relativamente a esse assunto, o Dr. Binger, responsável pela higiene psíquica de Nova York, tem uma experiência a nos transmitir. Ele lamenta a incerteza de ser entendido corretamente mesmo quem produz conferências boas. E exemplifica com uma palestra sua transmitida pelo rádio sobre a assim chamada medicina psicossomática. Um dia após recebeu carta de um dos ouvintes, que perguntava onde é que poderia adquirir um frasquinho de remédio psicossomático.

Reconheço não estar de modo algum convencido de que advém, em toda e qualquer circunstância, algum benefício para a saúde do mero conhecimento de quaisquer doenças. Ao contrário, sou obrigado a admitir que dele possa resultar dano para a saúde. A esse propósito, quero chamar atenção para o que se pode observar, por exemplo, no exame da pressão arterial. Suponhamos que afiro a pressão de um paciente e constato que se encontra um tanto elevada. Se eu responder, à pergunta angustiada do doente sobre o estado de sua pressão, que não há motivo para atemorizar-se nem ficar preocupado, porventura estaria eu mentindo ao paciente? Parece-me que não. O doente irá respirar aliviado graças à minha comunicação tranquilizadora. Provavelmente dirá: "Louvado seja Deus! Eu já temia, doutor, que poderia ter um enfarte". E, veja-se bem, tão logo ficou afastada a ansiosa expectativa, a pressão arterial do paciente efetivamente terá se normalizado. Bem

---

2. Convém acrescentar que os cientistas preocupados em escrever de forma a se fazerem entender comumente caem no erro de ficarem na abstração, de não serem concretos, de não procederem de modo casuístico.

outro seria o efeito se, ao invés disso, eu tivesse dito a verdade ao doente. E não teria ficado apenas nisso. O leve aumento da pressão sanguínea não teria se mantido estável. Diante de uma revelação alarmante, o paciente ficaria mais tenso e amedrontado, o que acarretaria sensível aumento da pressão.

Seria oportuno fazermos aqui breve comentário sobre a popularização de resultados estatísticos de pesquisa. Tenho certeza de que, se pudéssemos constatar, com base em estatística, que não poucos maridos enganam as suas esposas – e tal efetivamente tem-se verificado em um levantamento estatístico de amplas proporções –, e se levássemos ao conhecimento do grande público o fato, é convicção minha de que tal realidade não se manteria como está. Ao contrário, o percentual de maridos infiéis iria sofrer alterações. O homem médio com certeza não pensaria, por exemplo: "É um escândalo que a maioria dos maridos se comporte desse modo. E, de hoje em diante, serei fiel à minha mulher, até mesmo para dar força à minoria dos homens decentes". É provável que, ao invés disso, o homem médio raciocinaria assim: "Afinal, não sou nenhum santo, nem preciso ser melhor do que a maioria das pessoas". O argumento talvez seja por ele posto na balança da decisão quando a próxima tentação o empolgar. Talvez possamos comparar o fato com a conhecida tese do físico Heisenberg, na qual sustenta que a simples observação de um elétron já traz implícita uma influência. Algo análogo ocorre em relação ao caso antes figurado. Ousaria afirmar, respeitada a variedade de situações, que, por exemplo, a informação sobre a verdade estatística necessariamente acarreta uma certa influência sobre aqueles que são atingidos pelos dados descobertos na respectiva pesquisa ou levantamento. Em última análise, portanto, tais dados levam a uma falsificação da verdade.

Nos Estados Unidos, onde a popularização da psicologia profunda, ou psicanálise, assumiu proporções tamanhas que o europeu médio mal poderia imaginar algo semelhante, já se tem patenteado o lado sombrio dessa realidade. Isso é tão evidente que há pouco tempo se pôde ler – numa revista especializada – que as assim denominadas ideias livres, em cuja produção reconhecidamente se baseia o método de tratamento psicanalítico, há muito já deixaram de ser "livres". Pelo menos não se apresentam tão livres que ainda possam dar ao médico quaisquer informações sobre o inconsciente do enfermo. O doente sabe de antemão "aonde" o psicanalista "pretende chegar". E o sabe pelos muitos livros que tratam da psicanálise e de temas semelhantes favoritos dos leitores locais. Diante disso, já não se poderá falar em naturalidade e mesmo em ausência de preconceitos[3].

O leitor médio conhece os complexos mais importantes[4]. O que, contudo, ele ignora é o fato de tais complexos ou os conflitos, as assim chamadas experiências traumáticas e, para assim

---

3. Cf. em Emil A. Gutheil (Nova York): "Em tais casos os pacientes não raro trazem material associativo pré-elaborado, destinado a prestar um obséquio ao analista. Quanto mais a análise se propaga e suas concepções fundamentais se tornam de domínio público, tanto mais se deve desconfiar das assim chamadas associações 'livres'. Hoje em dia deve-se ficar de sobreaviso quanto à espontaneidade dos pacientes na exposição de suas associações. A maior parte das associações que o paciente produz num tratamento prolongado são tudo, menos 'livres'. Em grande parte visam a transmitir ao analista determinadas ideias que o prudente pressupõe serem bem-vindas por ele. Tal realidade explica por que nos relatos sobre doenças publicados por certos analistas se encontre tanto material que aparentemente confirma as ideias do respectivo terapeuta. Os pacientes adlerianos, ao que parece, são condicionados de modo exclusivo pelo desejo de superioridade e coisas de semelhante significado. Os adeptos de Jung assediam seus médicos com arquétipos de toda a sorte de símbolos análogos. Os freudianos ouvem o complexo de castração, o trauma do nascimento, e assim por diante, que os respectivos pacientes acreditam ser responsáveis por seus males. Só poucas ideias do paciente não foram pensadas de antemão e falsificadas" ("Psicanálise ativa". *Manual de ensino da neurose e da psicoterapia*. Ed. por V.E. Frankl, V.E. von Gebsattel e J.H. Schullz).

4. O psiquiatra norte-americano G.S. Ferrer relata, para exemplificar, o caso de uma senhora que tinha um filho de três anos, em cuja presença não podia ser usada nenhuma tesoura, "porque meninos pequenos têm medo de serem castrados" (*The Psychiatric Quarterly*, 28, 126, 1954). Compare com W.G. Eliasberg (Nova York): "É questão de consciência perquirir se não temos psicologia em excesso. Entenda-se, naturalmente, psicologismo. De certo modo esse psicologismo se alastra pela América na forma de procura por complexos, impulsos, emoções e interesses no fundo de tudo e em cada aspecto do ser humano" (Schweizer Archiv fur Neurologie und Psychiatrie, 62, 113, 1948).

designá-las, as feridas da alma, em última análise, serem muito menos responsáveis pelo surgimento das neuroses do que ele supõe. Para ilustrar, vou referir que certa vez incumbi uma médica da minha seção de interrogar os sujeitos de dez casos de neurose, escolhidos a esmo, sem seleção prévia. A esses pacientes neuróticos, que estavam em tratamento ambulatorial conosco, foram feitas perguntas sobre todas as suas experiências traumatizantes. A seguir, também sem escolha ou seleção, mais dez pacientes foram separados, e eram precisamente aqueles que se encontravam internados em nossa seção por motivo de moléstias nervosas de natureza orgânica. Foram igualmente submetidos a um interrogatório "pente-fino". O resultado vai surpreender os leitores: os pacientes do grupo referido por último, que eram sãos sob o aspecto psicológico, não somente haviam passado por experiências semelhantes (e igualmente graves) àquelas do primeiro grupo, mas as haviam sofrido em extensão muito maior, tendo-as superado sem adoecer de neurose.

Nenhum fundamento existe, pois, a dar suporte a pressuposições fatalistas. Uma concepção fatalista relativamente a experiências pretéritas, ainda quando graves, seria, por sua vez, sintoma de neurose. A propensão a dar como desculpa os próprios complexos e caráter, e proceder como se o sujeito falante devesse tudo suportar de seu eu, é comportamento tipicamente neurótico. E é precisamente o que se dá com o neurótico: ele se compraz no que constata em si mesmo, insiste em sua importância e se ocupa de preferência com o que em si mesmo descobriu. Se, por exemplo, comentar a sua fraqueza de vontade, ele esquece que não somente é válido que onde há uma vontade há um caminho, mas também é válido que há uma vontade onde haja um objetivo. Aliás, sempre que um neurótico se põe a falar em traços de seu caráter de maneira exclusiva, persiste em referir-se a eles como desculpa. Mas como poderia alguém, cujo destino tem como inexoravelmente traçado, opor-se ao destino?

Eis por que importa nos posicionarmos contra o fatalismo neurótico, bem como contra certa tendência de popularizar dados de pesquisa psiquiátrica que só podem causar danos a seus destinatários. Temos encontrado numerosos pacientes cuja doença viera a manifestar-se apenas a partir de reação contra algum incômodo nervoso inócuo em si mesmo. O mal se funda exatamente no temor de tratar-se ou de sintoma ou prenúncio, ou seja, qualquer indício ou pré-sinal de ameaça de doenças mais sérias. E, para tais fobias, o leigo sempre é motivado por uma "educação" médica e psiquiátrica popular, que leva à perigosa meia-educação.

Sabidamente se considera, nos dias atuais, de bom-tom jornalístico usar a rodo expressões recendentes ao jargão psiquiátrico. E o cinema hoje também não pode ficar atrás. Ocorre, destarte, que os filmes se ocupam com a psicanálise, com casos de consciência dividida e perda de memória, e faz supor que seja psicanálise. Na realidade, por esse meio apenas se alimentam temores infundados que, por via de lógica, toda mulher coerente quanto às suas ideias, tendo apreciado o filme *Na cova das serpentes*[5], deverá fazer-se perguntas como esta: "Sim, será que minha mãe não me amamentou tarde demais, ou não terá meu pai alguma vez pisoteado a minha boneca? Em suma, não terei sido eu psiquicamente lesada tanto quanto o foi em sua infância a protagonista do filme? Na realidade, nada disso eu posso saber. Afinal, também ela o ignorava, até o momento em que o psicanalista lho trouxe à flor da consciência!" E assim uma mulher deveras consequente deveria sair do cinema com a preocupação de, ela própria, acabar num covil de serpentes, ou numa cama gradeada. Observa-se, no que concerne a temores dessa natureza, que de um modo geral se trata de sintomas psíquicos obsessivo-compulsivos. No entanto, quem já for propenso a tais obsessões fica imunizado contra transtornos mentais propriamente ditos.

---

5. Em alemão *Die Schlangengrube* e no original inglês *The snake Pit* [N.T.].

Por certo não é esse o lugar de se fazerem críticas a um filme no tocante a seu valor artístico. Deve ser dito contudo, que embora de modo algum isso se aplique àquele filme em sua globalidade, no que respeita a algumas de suas partes relacionadas a informações psiquiátricas representa ele um transvio, para não dizer um "cão no covil das serpentes"... E isso sem falarmos daqueles filmes que, por exemplo, apresentam e sugerem como gesto de sabedoria extrema e culminante o suicídio combinado com o homicídio da eutanásia. *Semper aliquid haeret*, diz o autor latino. Alguma coisa sempre fica pespegada à fantasia e em algum momento cai no prato da balança de uma decisão. Ora, seria de desejar que os responsáveis pela produção de filmes estivessem conscientes de que cada metro de película rodada representa uma intervenção na psicologia coletiva e cada apresentação de filme, quer queiramos quer não, é um condicionador psicológico das massas. Ninguém pretenda simplificar para si mesmo ou se convença de que produções contemporâneas de filmes e de livros não passem de meros sintomas, sendo apenas indicadores de doenças da época. Precisamos cuidar para que o *cinema*, o *livro*, o *jornal* e a *radiodifusão*, em suma, toda a mídia direcionada ao consumo das massas, deixe de ser simplesmente *indício de doença*, quando *deve ser instrumento de saúde*.

PSICANÁLISE E PSICOLOGIA INDIVIDUAL

A psicanálise, doutrina criada por Sigmund Freud, contrariamente à concepção em larga escala difundida entre leigos, é apenas uma determinada escola da moderna psicoterapia (isto é, do tratamento das doenças psíquicas). No entanto, por ter sido a primeira a se constituir, é justo que nos ocupemos dela em primeiro lugar.

Se indagássemos o que pretende a psicanálise, obteríamos a seguinte resposta: Freud questionou o sentido daqueles sintomas psíquicos que passaram a designar-se como histéricos. Constatou que tais sintomas efetivamente têm um sentido, mas que tal sentido é inconsciente e, pois, desconhecido pelo próprio doente. Mas o sentido não é algo tão inconsciente como é inconsciente aquilo que ficou esquecido. Não foi propriamente esquecido, mas reprimido, e reprimido dentro do inconsciente, desligado do consciente e dele mantido afastado. Ademais, acreditava Freud ser possível constatar que o conteúdo das experiências inconscientes reprimidas, em última instância, estavam relacionadas à vida sexual. Tal realidade, segundo Freud, constituiria o próprio motivo pelo qual se processa a repressão das respectivas experiências. De qualquer modo, não devemos perder de vista que o significado de "impulso sexual" em psicanálise há de entender-se num sentido amplo, e, finalmente, equivale mais ou menos à "realidade instintual" ou energia vital.

Freud mostrou, a seguir, que aquilo que foi objeto de repressão volta a manifestar-se, por exemplo, nos sonhos, retornando ao consciente. Contudo, isso se dá de forma alterada, a saber, simbólica. As representações ou tendências somente conseguem, por assim dizer, vir à luz da consciência de maneira camuflada, sob a máscara do símbolo. Em outros termos, a consciência e o inconsciente simultaneamente firmam um compromisso recíproco. Ora, tal compromisso, conforme Freud, representa também a neurose, por exemplo, um sintoma psíquico obsessivo-compulsivo. Também aqui, segundo a doutrina psicanalítica, existe basicamente um impulso instintual reprimido a se manifestar na consciência de forma disfarçada, sob a máscara de uma estranha ideia obsessiva. O tratamento psicanalítico propõe-se proceder à *libertação* do paciente de sua neurose, removendo a repressão e tornando conscientes os processos inconscientes.

Da escola psicanalítica destacou-se uma segunda corrente – também em território vienense –, a assim chamada psicologia individual de Alfred Adler. Este cientista tomou como ponto de partida as suas pesquisas acerca do que chamou de inferioridade orgânica, designação sob a qual se referia a uma inferioridade inata, estrutural, dos órgãos. Cedo pôde ele observar que tal inferioridade corporal se verifica também no âmbito do psiquismo, culminando no que a psicologia individual expressa sob a designação comumente conhecida de sentimento (complexo) de inferioridade. Mas a partir dali descortinou Adler uma perspectiva mais rica em implicações. Pôde comprovar que, além da inferioridade orgânica, também outras circunstâncias podem gerar um sentimento de inferioridade, e isso a começar da primeira infância; por exemplo, a predisposição geral doentia, a fraqueza generalizada e, antes de mais nada, uma fealdade real ou apenas imaginada. De acordo com a psicologia individual, em certa medida todo ser humano sofre de um sentimento de inferioridade. E isso pela simples condição humana, ou seja, de um ser que nas primeiras etapas de sua vida, mais do que o animal, é por completo dependente da ajuda dos outros, dos adultos, dos pais.

Mas o sentimento de inferioridade comum da criança normal é superado, é ajustado, ou conforme a psicologia individual o expressa, é compensado por uma natural aspiração por segurança no contexto da comunidade humana.

Outra já é a situação do sentimento de inferioridade anormal, do sentimento de inferioridade exacerbado verificado em crianças doentias, fracas ou feias [sic]. Aqui não é suficiente a compensação, seja qual for, mas se faz necessária a assim chamada supercompensação. Com efeito, sabemos todos por experiência própria que precisamente aquelas pessoas que se sentem particularmente inseguras procuram salientar-se de modo ostensivo seja pela tentativa de realizações significativas, seja procurando ser úteis à comunidade na qual vivem. Ocorre eventualmente que se voltem contra a sociedade e contra as demais pessoas, tentando impor-se para compensar o sentimento de inferioridade por um aparato de superioridade. Alfred Adler entendia, como o dito anteriormente permite ver, que todas as doenças neuróticas – aquilo, portanto, que ele mesmo designou, no título de um livro, como caráter nervoso – devem ser atribuídas a uma falsa supercompensação de um profundo sentimento de inferioridade. E a terapia? A psicologia individual busca atacar desde a raiz a tendência exagerada à autopromoção de tais pessoas nervosas e inseguras, tornando-as, antes do mais, conscientes do que está por detrás dessas situações, isto é, o seu inconfessado sentimento de inferioridade e, em segundo lugar, ensinando-as a superar o sentimento de inferioridade. Numa palavra, animando-as e induzindo-as à reconversão à comunidade humana.

A moderna psicoterapia não parou no tempo no que tange ao seu desenvolvimento. Produziu também outros métodos de tratamento psicoterápico. Quero aqui lembrar a orientação de C.G. Jung, preclaro psicólogo suíço. Foi discípulo de Sigmund Freud, mas desde cedo se separou do mestre para enveredar por caminhos próprios de pesquisa. Esta o levaria a descobrir, por exemplo, que nos estratos do inconsciente, tanto do sujeito sadio quanto do enfermo, não se encontram apenas símbolos sexuais, mas símbolos, outrossim, com os quais nos deparamos em círculos culturais distantes e estranhos, ou nas respectivas religiões.

Não se pode nem se pretende aqui tecer considerações detalhadas acerca de tudo isso. Considero sobretudo importante, todavia, atentar-se para o fato de que os ensinamentos de Sigmund Freud e, pois, a *psicanálise*, sempre mais se evidenciam como sendo *produto do seu tempo*. Sabemos que hoje mais do que nunca granjeou ela notoriedade no grande público, ao passo que, no tempo das suas grandes descobertas, Freud encontrava resistência de parte da coletividade e, em grau ainda maior, dos profissionais, dos clínicos. Contudo, nem em razão da amplitude com que a prática psicanalítica se tem desenvolvido no presente e nem devido ao respeito que merece a genialidade de um Sigmund Freud deve se turvar o nosso discernimento apreciativo. Afinal, também um Hipócrates e um Paracelso continuam sendo venerados nos dias atuais, sem com isso nos sentirmos obrigados a receitar ou mesmo operar segundo os ensinamentos desses grandes médicos. Imperioso é, assim, reconhecermos que Sigmund Freud cultuou em demasia o naturalismo de sua época. Vale dizer, via ele no ser humano, em última análise, apenas um ser da natureza, o que não permitia que vislumbrasse sua natureza espiritual. É certo que o ser humano também possui impulsos. Mas aquilo que é próprio de cada pessoa, a singularidade, de modo algum pode ser mero joguete desses impulsos. E realidades como o espírito, a pessoa, o eu, de maneira alguma haverão de ser atribuições dos impulsos.

Freud viu certo, porém não viu tudo. No entanto, generalizou o que vira. Um radiologista também vê certo quando, na radiografia, vê o indivíduo de tal forma como se não se tratasse de uma pessoa, mas somente do esqueleto de um ser humano. A nenhum radiologista, contudo, ocorreria afirmar que o sujeito é constituído apenas de ossos. Diria ele a si mesmo: Na tela de raio X vejo apenas ossos, mas na realidade há também outros tecidos. Na verdade, há mais do que isso, e é válido o seguinte: sempre que num homem vivo aparece um osso, fora do quadro radiológico, tal homem já não é são, mas sofre de uma fratura óssea exposta.

Ora, com a psicanálise algo semelhante se verifica: o ser humano tem impulsos. Mas sempre que no indivíduo se manifesta uma atividade instintual desintegrada, já não é são. Trata-se, ao contrário, aí, de um caso especial, o caso de uma pessoa que se deixa levar pelos seus impulsos, no sentido que os próprios termos denunciam. Entretanto, a partir desse caso especial, jamais se deveria ousar a construção de uma imagem do ser humano, ou até mesmo, como Freud o fez, pretender explicar toda a cultura humana com base na instintividade.

Cada época tem suas neuroses e precisa de sua psicoterapia. É fácil de ver que o período da psicanálise de Freud correspondeu à era vitoriana e à idade da cultura de pelúcia, situando-se, portanto, numa época que se caracterizava, de um lado pelo falso pudor e, de outro lado, pela sensualidade. Naquele tempo era indicado, realmente, arrancar a máscara da hipocrisia sexual da sociedade de então e pôr-lhe o espelho diante dos olhos. Hoje, no entanto, outros são os imperativos do tempo e a psicoterapia atual terá de lidar menos com as insatisfações sexuais dos seres humanos e mais com a falta de realização existencial, com os anseios por um objetivo de vida e uma finalidade existencial, ainda, por uma tarefa concreta e uma tarefa pessoal a cumprir, numa palavra, por um sentido existencial[6].

Nietzsche certa vez declarou: "Quem tiver um por-que-viver suporta quase sempre o como-viver". Significa o seguinte: Quem

---

6. Pode o sujeito obedecer psiquicamente em consequência de uma ausência de sentido não menos do que por causa do assim chamado sentimento de inferioridade. Não padece ele, então, pelo sentimento de ter pouco valor, mas por não ver sentido em seu ser.

conhece um sentido para a sua vida encontra, na consciência desse fato, mais do que em outra fonte, ajuda para a superação das dificuldades externas e dos desconfortos internos. Disso se infere a importância que tem, sob o aspecto terapêutico, a ajuda a ser prestada ao sujeito no afã de encontrar o sentido de sua existência e de nele acordar, enfim, o desejo semidormente do sentido (*Sinngebung*). Aliás, para tanto se faz necessária uma visão do ser humano diversa daquela que se apresentava ao descortino das velhas escolas de tratamento psicoterápico. A psicanálise ensejou-nos o conhecimento da *vontade de prazer*, conforme podemos interpretar o princípio do prazer. A psicologia individual familiarizou-nos com a *vontade de poder*, na forma de aspiração ao êxito. Na realidade, porém, o ser humano é profundamente permeado por uma *vontade de sentido*. E a práxis – não somente nos consultórios e ambulatórios, mas também nas "situações-limite" das crateras de bombas e dos abrigos subterrâneos contra os bombardeios, dos campos de prisioneiros de guerra e dos campos de concentração –, essa práxis nos mostrou que só uma coisa torna o sujeito capaz de suportar o pior e de realizar o extremo. E essa coisa única é o apelo para a vontade de sentido e o conhecimento a esse respeito, para que o indivíduo se saiba responsável pela realização desse sentido de vida.

A ATITUDE FATALISTA

A segunda conferência que fiz em continuidade com o tema da primeira culminou num desafio à consciência da responsabilidade. Procurei mostrar que toda a prática médico-psiquiátrica, em última análise, deve ter por escopo educar o doente para assumir com alegria a responsabilidade. O que sempre de novo nos surpreende no contato com nossos pacientes neuróticos é precisamente o oposto. É a repulsão da responsabilidade – o temor da responsabilidade. Já a linguagem corrente indica que o ser humano deve ser "educado" para a responsabilidade. Isso aparentemente sugere a disponibilidade de um poder que lhe permita subtrair-se da responsabilidade. O que é que daria ao sujeito esse "poder de fugir"? É a crença supersticiosa no poder do destino, tanto no âmbito externo como interno, ou seja, na força das circunstâncias exteriores e das situações interiores. Em suma, é o fatalismo, do qual as pessoas estão impregnadas – as quais padecem de doença psíquica. E não somente elas, mas também indivíduos aparentemente sadios e, até certo ponto, os homens de hoje em geral.

Poder-se-ia certamente objetar que se trata aqui de uma característica neurótica da humanidade atual. De fato, faria sentido falar-se numa *patologia do espírito da época*, em cuja moldura o fatalismo, a crendice no destino, representariam um dos sintomas. No entanto, no meu parecer, a conversa tão em voga nos dias de hoje sobre uma "doença da época" ou coisas semelhantes não passa de palavreado sem compromisso em suas previsões e enganosa em suas conclusões. Numa palavra, tal fraseado é tão carente de consistência científica quanto inescrupuloso.

Seria essa doença da época idêntica àquilo que é objeto da psicoterapia, como a neurose? Estaria porventura o tempo doente de nervosismo? De fato, existe um livro – o autor se chama F.C. Weinke – assim intitulado: *A situação de nervosismo, enfermidade grave do nosso tempo*. O livro apareceu em Viena, na editora J.G. Heubner, no ano de 1953 – mas não foi publicado em 1953, e sim em 1853! A palavra Siechtum (enfermidade) ainda era grafada com *h* (*Siechthum*). Pelo visto, no que tange à atualidade da neurose, não a distancia de nós longo lapso de tempo: ser nervoso não é característica reservada aos nossos contemporâneos!

Um desses "diagnósticos do tempo" mais triviais e mais vulgares corre à conta da assertiva de que é o *ritmo* de nossos dias a causa de o ser humano se encontrar assim doente. Ninguém com maior autoridade do que o conhecido Hendrik de Man declara: "O ritmo não será impunemente acelerado além de determinados limites".

Seria procedente tal afirmativa? Ora, que o ser humano não suportaria a exacerbação do ritmo relativamente à sua locomoção mecânica, que não teria condições para conviver com o progresso tecnológico, não é novidade alguma. Mas é um falso vaticínio. Ao se porem em movimento, no século XIX, os primeiros trens de ferro, corifeus da medicina declararam ser impossível à pessoa suportar, sem adoecer, o aumento da velocidade relacionada ao transporte ferroviário. E ainda nos anos recentes suscitavam-se dúvidas quanto à possibilidade de se voar em aviões supersônicos sem dano para a saúde. Nós vemos, ou melhor, nós o vemos agora, depois que se comprovaram como falsas as previsões e o ceticismo – quanta razão tinha Dostoiévski ao definir o ser humano como aquele que a tudo se habitua.

Como causa da "doença da época" e mesmo como causa das doenças em geral, o ritmo atual sequer entra em cogitação. Ousaria mesmo afirmar que a aceleração do ritmo da vida de hoje representa uma tentativa de autocura, embora seja uma tentativa frustrada. De fato, a vertiginosa aceleração do ritmo vital se torna facilmente inteligível quando a concebemos como autoentorpecimento. O ser humano se pôs em fuga de seu interior deserto e vazio. E, nessa fuga, precipita-se num torvelinho. O grande psiquiatra francês Janet, referindo-se aos sujeitos neuróticos por ele denominados psicastênicos, descreveu o que designou como *sentiment de vide*, vale dizer, um sentimento de vazio, de ausência de conteúdo. Tal sentimento de vazio existe também num sentido translato. Refiro-me ao sentimento de vazio existencial, o sentimento de falta de objetivo e de conteúdo da existência.

O fato de que tal sentimento hoje em dia se apodera de não poucas pessoas se torna evidente a nós quando recordamos o que declarei em minha segunda conferência acerca do condicionamento temporal da psicanálise. Ponderei, então, que ao tempo de Freud a problemática sexual ocupava o primeiro plano, ao passo que hoje a insatisfação sexual se configura menos como problema atual. Muito mais o é a falta de realização existencial. Se posso valer-me de uma expressão usada pelos psiquiatras norte-americanos, direi que se trata de uma frustração, notadamente da frustração daquilo que chamei de vontade para o sentido. E agora entendemos esse fato; o ritmo dá ensejo ao ser humano de hoje para narcotizar a frustração, o descontentamento, a não realização de sua vontade para o sentido. Deveras, o indivíduo de hoje não raro sente na carne aquilo que talvez se caracterize com mais precisão em algumas palavras contidas no *Egmont* de Goethe: "Mal sabe ele de onde procede" e – nem é preciso dizê-lo – "para onde vai". Poder-se-ia acrescentar que, quanto menos ele o sabe, quanto menos conhece algo como um sentido da existência e uma meta para o seu caminho, tanto mais acelera o ritmo em que percorre esse caminho.

Além da inculpação do ritmo como causa da crise espiritual, depara-se o sujeito com outra caracterização da "doença da época" tantas vezes diagnosticada: o nosso século XX é conhecido como o século da ansiedade (*the age of anxiety*). Também é apresentado – a caracterização transparece do título de uma obra conhecida – como *A ansiedade, doença do ocidente*. A isso deve ser dito um basta. Apenas chamaria atenção para o alerta dado por dois pesquisadores norte-americanos através do *Journal of Psychiatry*, nestes termos: Os tempos antigos, por exemplo, a época da escravidão, das guerras religiosas, da cremação de bruxas, das migrações de povos ou das grandes epidemias, todo esse "bom tempo passado" por certo não era mais livre de ansiedade do que o nosso.

Procede o que certa feita disse o psiquiatra alemão Joachim Bodamer: "Quanto ao fato de o sujeito de hoje sofrer com a ansiedade, fique claro que essa ansiedade é o temor do tédio". Que esse tédio pode ser mortal nós também o sabemos. O Professor Plügge, policlínico internista da Universidade de Heidelberg, demonstrou que os casos de tentativa de suicídio por ele examinados não se vinculavam de modo algum à doença ou à necessidade econômica, mas eram causados, muito ao contrário e surpreendentemente, pelo tédio sem medida. Seriam, portanto, emergentes da não realização do anseio humano por um conteúdo vital válido!

Assim também é possível compreender-se quanto corresponde à verdade o que Karl Bednarik certa vez escreveu: "A partir do problema da miséria material das massas surgiu o problema do bem-estar, o problema do ócio". Em relação às neuroses, entretanto, o neurologista vienense Paul Polak há alguns anos alertou-nos no sentido de não nos rendermos ao engodo de que, com a solução da questão social, as doenças neuróticas deixariam de incidir por si mesmas. Segundo esse autor, exatamente o contrário é o que haveria de suceder: somente quando a questão social estiver resolvida, irromperá, com ímpeto maior, na consciência do ser humano, a questão existencial. "A solução da questão social propriamente liberaria a problemática espiritual e a mobilizaria de verdade. O sujeito se tornaria livre e efetivamente se assumiria a si mesmo, tomando conhecimento cabal da problemática existente nele próprio, da sua própria problemática existencial."

As neuroses não aumentaram em número; quantitativamente se têm mantido estáveis por décadas. Entre as neuroses, as de origem fóbica até mesmo decresceram numericamente (J. Hirschmann). O *quadro* clínico das neuroses mudou. A *sintomatologia* tornou-se outra, a ansiedade está diminuindo. Algo semelhante se verifica com as psicoses (H. Kranz). Não ocorre apenas, como se vê, em relação às neuroses. Evidenciou-se que os doentes de melancolia mais raramente sofrem hoje por sentimento de culpa, em especial, de culpa perante Deus. A saúde corporal ocupa o primeiro plano de suas preocupações. Trata-se, portanto, de uma síndrome de hipocondria. O ser humano preocupa-se também com o local de e a capacidade para o trabalho. Constitui essa a temática da melancolia hodierna (A.V. Orelli), presumivelmente pelo fato de sintonizar com as aspirações do homem médio de hoje, centradas não em Deus nem na culpa, mas na saúde e no trabalho.

Não há, pois, como falar-se em aumento da incidência das doenças neuróticas nos dias presentes. O que aumentou é bem outra coisa: É a *necessidade psicoterápica*, ou seja, a necessidade que as massas têm de buscarem, junto ao neurologista, ajuda para suas aflições de ordem espiritual e psíquica. Mas na raiz dessa necessidade psicoterápica se encontra algo diferente: nada mais nada menos do que a velha e eterna angústia metafísica do ser humano.

De um aumento das neuroses no sentido estritamente clínico – não no sentido mais amplo, transposto para as neuroses coletivas, como prefiro denominá-las, mas do aumento das neuroses no sentido rigorosamente clínico na acepção da palavra – não se há de cogitar.

O percentual das psicoses tem se mantido constante de modo a causar surpresa. As oscilações se constatam única e exclusivamente em função do número de internamentos. Isso, contudo, tem seu fundamento em realidade de outra ordem. Em se considerando que, por exemplo, no hospital psiquiátrico vienense de Steinhof, no ano de 1931, se atingia, com cinco mil internados, o número máximo (em mais de quarenta anos) e, de outra parte, no ano de 1942, se verificava o percentual mais baixo, com apenas dois mil internamentos, uma explicação tornará claro o que ocorreu. Nos anos de 1930, ao tempo da crise econômica mundial, os pacientes eram mantidos pelos seus familiares pelo tempo máximo possível no estabelecimento, por óbvias razões econômicas; os pacientes sentiam-se literalmente felizes por encontrarem ali teto e alimento. A situação configurou-se diferente sob a dominação de Hitler. Por razões igualmente compreensíveis e medo de serem submetidos à eutanásia, os doentes eram levados para casa com máxima brevidade, ou sequer entregues a clínicas psiquiátricas para internação.

Não menos equivocadas estão algumas opiniões em voga sobre o suicídio. Causará surpresa a não raras pessoas, mas é exatamente isto o que sucede: a curva de suicídios, conquanto sujeita a oscilações, decresce em períodos de miséria e também em épocas de crise política. Esse fato – que foi apontado ainda pelos pesquisadores Durkheim e Höffding – recentemente ficou confirmado. Verificou-se que não apenas e exatamente aqueles países que gozavam os períodos de paz mais prolongados eram recordistas europeus em número de suicídios, mas de outra estatística, publicada pelo Dr. Zigeuner, se deduz que na cidade de Graz, no Estado de Steiermark, a curva de suicídios sofreu nos anos de 1946-1947 um descenso, precisamente em período de considerável queda no nível de vida da população.

Como explicar o fato? Parece-me oportuno fazê-lo mediante uma comparação. Disseram-me certa vez que uma abóbada em risco de desabar paradoxalmente pode ser sustentada e firmada *colocando-se peso em cima dela*. Algo semelhante ocorre com o ser humano; as dificuldades externas aparentemente determinam um aumento de sua resistência interior[7].

A condição é – chamei atenção para isso na última conferência – que se tenha "um porquê para viver". Só então o ser humano "suporta quase todo o *como*", para citarmos novamente Nietzsche. Entretanto, cumpre que não percamos de vista uma ameaça a pairar sobre o sujeito de hoje, ínsita a todo o modo e forma com que se posiciona diante do fato da bomba atômica. Particularmente, ao neurologista é dado testemunhar com frequência a inclinação dos indivíduos de hoje para uma concepção de vida singular, que não consigo qualificar senão como atitude existencial provisória. Somente condicionadas, como que esperando por um chamado que as tire de sua situação, vivem tais pessoas. Cessam de conceber planos com perspectivas amplas e de construir e organizar sua vida em conformidade com objetivos conscientemente assumidos. Ao invés disso, justificam sua apatia alegando que a bomba atômica virá e, assim sendo, tudo já por si só deixa de ter sentido. É verdade que não dizem "*après moi le déluge*" ("depois de mim, o dilúvio"). Todavia, pensam consigo mesmos: "Depois de mim, que venha a bomba atômica". E, ao mesmo tempo, tudo se lhes torna indiferente. Não é difícil de ver que funestas consequências haverão de advir com o tempo e para as massas que mantêm um posicionamento existencial assim leviano e apenas provisório. Salve-se que só a consciência do objetivo, o sentimento de se ter uma tarefa a cumprir, pode equipar o sujeito para a conservação da sua verticalidade interna, nas condições mais adversas e nas situações externas mais duras e desafiantes. Somente assim será capaz de afrontar as potências do tempo que apenas aos desanimados se afiguram tão superiores e determinadas pelo destino.

---

7. Cf. também H. Schulte, que fala "na diminuta frequência de divórcios, suicídios, moléstias decorrentes de vícios e neuroses demandando tratamento, surgidas concomitantemente a todos os estados de necessidade social – conhecidos pelo povo em geral" (*Gesundheit* und *Wohlfart*. Jahrgang, 1952, seite 78). Indicações análogas encontramos em E. Menninger-Lerchental (*Das europäische Selbstmordproblem*. Wien, 1947, seite 37) relativamente aos suicídios em época politicamente agitada, e em J. Hirschmann.

A EXISTÊNCIA PROVISÓRIA

Na terceira conferência, que versava sobre psicoterapia, perguntávamos se efetivamente – e, em caso positivo – em que sentido se justificaria falar em patologia do espírito da época. Na oportunidade, já me antecipava na abordagem do tema a ser tratado hoje e isso ao comentar detalhadamente, como sintoma principal da "doença do espírito da época", o fatalismo, ou seja, a superstição quanto ao poder do destino. De passagem, aludi ao segundo sintoma, que é a atitude existencial provisória.

Tenhamos presente apenas como o ser humano vivia de forma provisória durante a guerra, como se interessava tão só pelo seu dia a dia e pelo transcurso de um dia após o outro. E que nunca podia saber se nesse "dia seguinte" estaria ainda vivo. Disso não estava ele seguro, nem na frente de guerra, nem nas crateras abertas pelas bombas, nem na assim chamada hinterlândia, nem no abrigo antiaéreo, nem em território inimigo, nem nos campos de prisioneiros ou nos campos de concentração. Em parte alguma a certeza da sobrevivência estava-lhe assegurada e afligia-o a incerteza se continuaria vivo. E, assim sendo, resvalava para uma atitude provisória da existência. Vivia, conforme foi dito, apenas o dia presente.

Mas a pessoa que vive em função de um único dia invariavelmente vive sujeita à dominação dos impulsos. Compreende-se assim haver ela desistido de, também no que respeita à vida amorosa, levar uma vida digna em dimensão mais ampla, construir uma vida amorosa humanamente sadia, limitando-se a usufruir o momento presente, de modo a que nenhuma satisfação sensível lhe escapasse. Não poucos casamentos, cedo desmantelados, tipificados como uniões matrimoniais de guerra, eram contraídos sob o domínio da ideia do efêmero. A vida sexual, para os respectivos parceiros, configurava-se como sendo o que não deveria ser: mero recurso para um fim, o de fruição do prazer. Não se adequava, dessa sorte, a uma situação normal e a condições aceitáveis de significar um meio expressivo da comunhão que se chama amor.

Não nos libertamos ainda da concepção existencial provisória. Antes como depois, o indivíduo hodierno por ela é dominado. Dele se apoderou uma espécie de fobia da bomba atômica. Aparentemente vive de sentidos voltados para a expectativa de que a bomba atômica virá. Espera por ela com ansiedade. Mas essa ansiedade antecipatória, como nós clínicos a chamamos, impede-o de levar uma vida consciente de objetivos. Com efeito, o ser humano vai vivendo provisoriamente, sem perceber o que perde, inconsciente de que, com isso, se priva de tudo. Esquece quão acertadamente Bismark certa vez dissera: "Na vida sucede o mesmo que se dá no gabinete do dentista: sempre se acredita que o por acontecer já vai acontecer e, entrementes, já aconteceu". Como está errado o sujeito que se rende a tal mentalidade! Mesmo em se admitindo que estivesse iminente a hecatombe planetária de uma terceira guerra mundial, nosso esforço desenvolvido todo dia e toda hora continuaria válido.

Na última guerra mundial experimentamos situações difíceis, em incontáveis momentos. Deparamo-nos com pessoas com poucas perspectivas de escaparem incólumes da violência bélica. E, apesar disso, não obstante o claro discernimento de que estavam a enfrentar a morte, buscavam realizar o que delas se esperava, cumprindo a sua missão. Sequer a mortal ameaça vivida num campo de concentração – para trazermos a debate uma situação-limite – levava aquelas pessoas a ver na contingência da vida num campo de concentração nada mais do que algo provisório ou mero episódio. Para elas, aquela vida era antes um desafio de sobrevivência. Ademais, não raro se tornava o ponto alto de sua existência, motivo da mais elevada superação pessoal. Atentemos para estas palavras de Hebbel: "A vida nunca é simplesmente algo, mas sempre é o ensejo para algo". Se tivermos realizado a tarefa que nos incumbia desempenhar, já nada teremos a temer. Se nos é permitido acreditar no que Lao-Tse disse, ter cumprido uma tarefa significa ser eterno.

Raro se erige um monumento às obras que se deixam e jamais um monumento se pereniza. Contudo, cada ação humana é seu próprio monumento! Não apenas aquilo que fazemos, mas igualmente aquilo que alguma vez experimentamos, "nenhuma força do mundo é capaz de nos arrebatar", como diz o poeta. *Nada pode ser subtraído ao mundo,* uma vez que tenha acontecido. E *não é muito* mais importante *que tal ato tenha sido introduzido no mundo? Por efêmero que seja – é precisamente no passado que ele fica conservado. Mantém-se preservado da transitoriedade e estará a salvo da condição de ser insignificante. Nada se perde irrecuperavelmente no passado. Antes, permanece a salvo e sem possibilidade de perda. De regra, somente vislumbra o homem o restolho da transitoriedade, perdendo de vista os fartos celeiros das realizações pretéritas.*

Em nenhuma situação se justifica a atitude existencial provisória. Nem mesmo o aproximar-se da morte priva de sentido a vida. Ainda assim cabe ao ser humano uma tarefa bem concreta. A mais pessoal de todas as tarefas. Quando mais não for, é a de *oferecer o desempenho do sofrimento digno e honesto, em função de um destino autêntico.* Permito-me ilustrar o exposto com um exemplo de minha experiência pessoal. Uma enfermeira extremamente compenetrada no trabalho adoece de câncer, que não pôde ser extirpado mediante cirurgia em caráter de emergência. Poucos dias antes de sua morte, vou visitá-la. Encontro-a em estado de extremo desespero. O que acima de tudo a aflige é a incapacidade de realizar a vocação que estimava mais do que tudo neste mundo. O que deveria dizer-lhe ante o desespero por demais compreensível?

A situação não apresentava qualquer sinal de esperança. Contudo, tentei tornar-lhe claro o seguinte: o fato de ter ela trabalhado oito ou, quem sabe Deus, quantas horas diárias não é nenhuma façanha extraordinária; o mesmo poderá ser feito por quem venha substituí-la. Mas ter tamanha disposição para o trabalho e, não obstante, ter ficado incapacitada para trabalhar, não desesperar, isso sim seria um feito que tão cedo ninguém saberia repetir. E pergunto-lhe eu: "Não estaria a senhora cometendo uma injustiça para com os milhares de doentes a cujo serviço consagrou a sua vida, se agora se portasse como se a vida de um inválido, incapaz para o trabalho, não tivesse mais qualquer sentido? Na medida em que desesperar, na sua situação, a senhora admite que o sentido de uma vida humana estaria a depender de tantas e tantas horas de trabalho realizado. No entanto, estaria negando a todos os doentes e inválidos o direito vital a uma razão de ser de sua existência. Na realidade, é precisamente agora que se lhe oferece uma oportunidade única. Enquanto a senhora, até o presente, *nada mais* pôde dar às pessoas que lhe eram confiadas do que a prestação de seu serviço, atualmente lhe é dada uma oportunidade de ser mais do que isso: um paradigma humano".

O caso ajuda a compreender como o desespero, em última análise, é fundado numa idolatria, na absolutização de um único valor e, de um modo geral, na aceitação e valorização de uma única perspectiva de sentido. No caso concreto, era a capacidade para o trabalho. Tratava-se, portanto, de um valor evidentemente relativo e, de maneira alguma, a única possibilidade de conferir um sentido à existência.

É o que me propunha comentar sobre a atitude existencial provisória, apontando, ademais, para a possibilidade de, sob quaisquer condições e em quaisquer circunstâncias, ainda nas situações-limite extremas, vislumbrar uma tarefa a cumprir e com isso significar um sentido na existência e, se mais não fosse, dar testemunho pela maneira como assumimos uma situação difícil.

Tão logo nos capacitemos de que *a vida jamais poderá tornar-se vazia de sentido*, o sofrimento em hipótese alguma implicará uma ausência de sentido. Se tivermos adquirido clareza sobre isso, nos será impossível tomar posicionar frente à existência de forma provisória. Nem mesmo a bomba atômica nos reduzirá à inércia do assombro paralisante ante o que possa acontecer. Ao contrário, será um incentivo para nos pormos a campo, fazendo o que nossas forças permitirem para impedir que algum dia venha a ser acionada.

Para tanto, uma coisa é sobremaneira relevante. Utilizando o jargão clínico, falava eu há pouco em fobia da bomba atômica como neurose de expectativa. Não percamos de vista, no entanto, que é da essência da ansiedade antecipatória gerar exatamente aquilo que é o seu objeto, ou seja, a coisa temida. Quem, por exemplo, tem medo de enrubescer, com o próprio medo de pronto já enrubesce. Isso posto é imperioso afrontar, na medida do possível, toda situação de pânico e todo temor coletivo de catástrofe. Demanda também conhecermos por qual perspectiva psicológica pôde chegar-se a ponto de hoje devermos nos ocupar com o surgimento de algo como a fobia da bomba atômica. Nossa próxima conferência deverá versar sobre o tema amplo e, por assim dizer, pertinente a um sintoma de neurose coletiva, notadamente o fanatismo. Pretendemos, nessa conferência, trazer subsídios esclarecedores sobre a questão psicológica em apreço.

A MASSA E O DIRIGENTE

Nas duas últimas conferências sobre psicoterapia referi-me a dois sintomas patológicos do espírito da época (*Zeitgeist*). O primeiro sintoma diz respeito ao fatalismo; o segundo, ao que designei como atitude existencial provisória. Em certo sentido ambos os sintomas se completam, posto que um apresenta componentes correlativos ao outro. Observação minuciosa revela que o fatalista se coloca em perspectiva de situação sem saída. Para ele, é de todo impraticável resistir ao destino, porquanto esse destino é insuperavelmente poderoso. Enquanto o sujeito fatalista persiste em alegar a inviabilidade do agir, o sujeito motivado pelo senso do provisório se posiciona no sentido de que o agir se faz de todo desnecessário, visto não sabermos o que o amanhã nos reserva. Agir em função do futuro, planejar, viver direcionado a um fim, tudo isso lhe parece inútil e insensato. Só uma coisa lhe interessa: viver o seu dia a dia.

Hoje nos ocuparemos com um terceiro sintoma, constatável a partir da neurose coletiva, se é que nos assiste o direito de trasladar o conceito de neurose para o de coletividade (comentamos antes até que ponto isso se justifica). Esse terceiro sintoma é o *pensamento coletivista*, que há anos vem ocupando espaço no noticiário com amplitude crescente. Releva ficarmos atentos para entendermos corretamente o que significa o pensar coletivo, ou, de maneira genérica, o coletivismo. Devo alertá-los – e nunca se pode insistir o suficiente nisso – que o radical de coletivo, presente na palavra coletividade, gerou o equívoco da sinonímia entre os termos coletividade, comunidade e sociedade. O equívoco poderia nos levar a entender o contrário do que neste momento nos ocupa a atenção, isto é, a massa.

A diferença entre sociedade e comunidade de um lado, e, de outro, *massa*, não pode ser bastante ressaltada. O discrime aqui traçado concerne, sobretudo, ao que mais nos interessa no desenvolvimento do tema, qual seja a relação entre comunidade e massa com a personalidade do homem, com o ser pessoa. Tal se deve ao fato de a comunidade necessitar da presença de personalidades dela destacadas e de, em contraposição, cada personalidade precisar da comunidade em cujo seio – e somente dentro dela – se poderá realizar e, pois, ser inteiramente pessoa. Bem diferente, porém, é o que sucede com a massa. Nesta, nenhuma personalidade humana, nem sequer algo como a pura individualidade de um sujeito, terá condições para fazer-se valer e desenvolver-se. A massa, de preferência, prescinde da personalidade, que para ela constitui um embaraço. Por essa razão, combate as personalidades, reprime-as, priva-as da liberdade, castrando essa liberdade em nome da igualdade. As individualidades são aplanadas e as personalidades sacrificadas pela tendência ao nivelamento. Na massificação, o destino da liberdade pessoal é colocado à mercê do intuito de se lograr a concretitude de uma igualdade despersonalizada ao máximo. Mas o que seria do terceiro elemento que somos levados a considerar a essa altura da exposição – o que será do ideal da fraternidade? Ele degenera, degradando-se em mero instinto de rebanho.

Como pode o sujeito – o homem médio de hoje, identificado com os sintomas neuróticos da humanidade atual, para não dizer marcado por eles – chegar ao extremo de render-se ao pensamento coletivista? Deve-se isso principalmente ao fato de que ele abomina a responsabilidade. Mais uma vez foi com a guerra e, em particular, com as organizações militares, que o ser humano aprendeu, teve de aprender a deixar-se conduzir e levar para usarmos expressões empregadas por esses mesmos sujeitos. Invariavelmente era considerado importante não salientar-se de jeito nenhum, antes apagar-se a qualquer preço, diluir-se na massa. E é exatamente o que também hoje, de um modo geral, se quer: confundir-se com a massa. Mas o que então realmente se faz? *Não se confunde com a massa; ao contrário, afunda-se nela.* O ser humano se dissolve como ser personalizado.

No entanto, não devemos nunca esquecer que a massa, assim como a comunidade, não é um ser personalizado. Aliás, somente pessoas possuem liberdade e responsabilidade. Disso se conclui que somente pessoas, com base em decisões livres e ações responsáveis, têm culpa ou têm méritos, conforme o caso. Jamais, porém, uma coletividade, essencialmente impessoal, poderia considerar-se culpada. Por aí se vê de antemão inexistir algo que se passou a chamar culpa coletiva. Quem emite juízos globais, quem julga coletivamente, ou seja, quem condena algo coletivo busca apenas justificar o que lhe é mais cômodo, sobretudo tenta eximir-se a si próprio da responsabilidade, daquela responsabilidade com a qual se relacionam juízos, quiçá condenações.

Perguntemo-nos agora que tipos humanos são esses que, aparentemente, com todas as fibras do seu ser, voltam-se para tais generalizações. E chegaríamos assim ao quarto e último sintoma que teremos de comentar em conexão com a patologia do espírito da época. Refiro-me ao fanatismo.

O fanatismo correlaciona-se com o coletivismo, antes comentado. Assim como o indivíduo que pensa em moldes coletivistas olvida a sua própria personalidade, o sujeito induzido pelo fanatismo não enxerga o ser pessoal do outro, daquele que não sintoniza com o seu pensamento. Não admite um pensar diferente do seu. Para ele, é válido não o entendimento de outrem, mas somente a sua própria opinião. No entanto, o fanático nem sequer opinião própria possui. Ele é possuído pela opinião pública. E é precisamente isso que torna o fanatismo tão perigoso. A opinião pública se apodera tão facilmente do fanático que, ao mesmo tempo, homens isolados, com não menor facilidade, se apoderam da opinião pública! Tais homens isolados são, com efeito, os governantes, ou melhor, um governante, um *"führer"*. Destarte se consegue compreender o que Hitler certa feita proclamou, numa conversa à mesa: "É uma sorte para os governantes que os homens não pensem, mas permitam que por eles se pense".

Os tipos de caráter fanático são conhecidos pelos psiquiatras e não constituem algo incomum. Não foi por acaso que o ministro da Justiça da Noruega, anos atrás, designou uma comissão de psiquiatras, aos quais incumbiu do tratamento psiquiátrico cerca de sessenta mil antigos adeptos de Quisling. E o que foi que tal providência pôs a descoberto? Para exemplificar, constatou-se que, entre esses fanáticos, o percentual de paralíticos, paranoicos e psicopatas paranoides era duas vezes e meia maior do que na população média norueguesa. Por aí vemos ser tão relevante o que ultimamente se tem muitas vezes reclamado: que os políticos sejam submetidos a exames psiquiátricos regulares. Abstraindo-se da questionável exequibilidade de tais propostas de tratamento psiquiátrico, no caso, estariam chegando demasiado tarde. Deveriam ter sido submetidos a tratamento psiquiátrico muito antes, e a tempo, aqueles que deram suporte aos respectivos políticos ou lhes serviram de instrumento na escalada do poder.

Voltando ao fanatismo, tenha-se presente o que dissemos do fanático: ele ignora o ser pessoa e, portanto, a liberdade de decisão e a dignidade humana. E aqui venho, a propósito, citar outra expressão de Hitler. E é precisamente aquela que diz que a política é um jogo em que qualquer truque é permitido. Efetivamente, nada caracteriza melhor o fanático do que a circunstância de que para ele tudo não passa de mero truque, de simples meio para um fim. A seu ver, o *fim santifica os meios*. Todavia, na realidade acontece que, *ao contrário, existem meios que podem profanar o fim*. E existe também algo que nunca poderá ser reduzido a simples meio ou a esse ponto aviltado. Kant tinha a esse respeito muita clareza ao advertir que o ser humano jamais pode ser instrumentado como simples meio para a consecução de um fim. Todavia, é o que sempre de novo acontece, notadamente na política fanática, na qual não se recua diante da dignidade do ser humano, no afã de atrelá-lo às metas políticas. Desse modo, com tal política de fanatismo pretende-se politizar o sujeito, quando, ao contrário, seria importante humanizar a política.

A opinião pública, que antes denunciamos como agente capaz de apoderar-se a tal ponto de pessoas fanatizadas, se cristaliza igualmente na forma de *slogans*. Estes, uma vez que são jogados no seio das massas, exercem uma espécie de reação em cadeia – *uma reação em cadeia psicológica* – muito mais perigosa do que aquela reação em cadeia física, na qual basicamente assenta o mecanismo da bomba atômica. Pois tal mecanismo, tal reação em cadeia, não poderia jamais desenvolver-se não a tivesse precedido a reação em cadeia psicológica, e se a massa, o sujeito massificado, não fosse antes atingido pelo *slogan*.

Isso também nos permite compreender quanta razão tinha Karl Kraus ao declarar: "Se a humanidade não tivesse frases feitas, não teria necessidade de armas". No que diz respeito em particular ao armamento atômico, Einstein acertou em cheio o alvo: "O problema não é a bomba atômica; o problema é o coração do homem".

Assim teríamos chegado ao final da parte de nossa conferência de certo modo referente aos sintomas neuróticos coletivos, ou seja, a uma patologia do espírito da época. Em sentido figurado, mas somente figurado, poder-se-ia sem mais, nesse mesmo contexto, falar numa epidemia psíquica notadamente em relação ao fanatismo. O que caracteriza as epidemias psíquicas, em contraposição às epidemias somáticas, é apenas um elemento diferenciado, mas que representa a sua ameaça principal: as epidemias psíquicas não constituem, como as somáticas, uma consequência da guerra mais ou menos necessária, mas, infelizmente, também uma possível causa da guerra. Em razão disso, combatê-las haverá de ser considerado o mais relevante imperativo de uma higiene psíquica.

Estariam tais sintomas de neurose coletiva largamente difundidos? A respeito da questão quantitativa de sua ocorrência tenho em mãos os resultados de uma prova por amostragem, realizada com pessoas não consideradas neuróticas no sentido estritamente clínico. Incumbi meus auxiliares de submeterem-nas ao questionário de um teste. A questão referente ao primeiro sintoma, portanto, à *atitude existencial provisória*, foi formulada nestes termos: "Você entende que não seja importante agir e comandar o próprio destino, uma vez que, afinal, a bomba atômica explodirá e tudo ficará sem sentido?" A questão do teste sobre o segundo sintoma, portanto, a *atitude de vida fatalista*, assim estava enunciada: "Você acredita que o ser humano, em última análise, nada mais seja do que um joguete de forças e poderes externos ou internos?" A questão pertinente ao sintoma do *pensamento coletivista* dizia: "Você acredita que o mais importante seja não dar na vista?" E, finalmente – devo dizê-lo –, a questão-armadilha sobre o *fanatismo*: "Você não acha que uma pessoa que queira sempre o melhor pode licitamente empregar todo meio que lhe pareça adequado ao fim do que se propõe realizar?" A partir desse teste, meus auxiliares puderam constatar que, entre todos os sujeitos submetidos ao mesmo, um único era efetivamente isento de todos os quatro sintomas de neurose coletiva, sendo que num percentual não inferior à metade das pessoas testadas se comprovava a presença de pelo menos três dos quatro sintomas em referência.

Por outro lado, sabemos que não somente um fator psicológico, mas também uma causa espiritual, por exemplo, um conflito de consciência, pode levar a uma neurose. É compreensível, por isso, que uma pessoa, na medida em que for capaz de ter um conflito de consciência, estará imune ao fanatismo e também à neurose coletiva. Por outro viés, a pessoa acometida de uma neurose coletiva, como, por exemplo, um político fanático, torna-se capaz de superar sua neurose coletiva na medida em que novamente puder ouvir a voz de sua consciência, e até sofrer com ela.

Anos atrás falei sobre esse tema num congresso médico. Entre os participantes havia colegas de especialização que viviam sob um regime totalitário. Após a conferência vieram ao meu encontro para me dizer: "Conhecemos demasiado bem o assunto que o colega versou. Entre nós, como o senhor há de saber, denomina-se doença dos funcionários. São tantos e tantos funcionários do partido que de tempos em tempos entram em colapso nervoso sob o crescente peso da sua consciência. No entanto, a partir de uma crise dessa natureza ficam curados do seu fanatismo político".

HIGIENE PSÍQUICA DO ENVELHECIMENTO

Muito se tem falado, nos dias atuais, naquilo que se designou como envelhecimento da população. Com efeito, observa-se que, mais do que antes, as pessoas com idade avançada formam na atualidade o maior contingente populacional, ao passo que diminui o percentual de pessoas mais jovens. Quereria referir-me não tanto às consequências político-demográficas e médico-sociais decorrentes do deslocamento verificado na estratificação etária da sociedade hodierna. Prefiro encarar de frente os fatos, na perspectiva da psicoterapia e da higiene psíquica e, pois, sob os aspectos do tratamento médico-psicológico e da medicina preventiva.

Raramente uma resposta singela a uma pergunta simples atingiu com tanta precisão o núcleo do problema como a resposta de uma senhora idosa recolhida a um lar para enfermas. Uma conhecida, que fora visitá-la, perguntou-lhe: "Diga-me o que faz aqui todo esse tempo?" E a resposta foi esta: "Meu Deus, durmo à noite e de dia vou definhando". Mostra o episódio que a falta de ocupação já de *per si* é identificável como doença. No entanto, quem mantiver acordado em seu íntimo o mínimo sentimento, não simplesmente da vida, mas, acima e além desta, de uma existência humana digna, convirá que o *mero* estar-com-vida e conservar-se-vivo do ser humano merecedor deste nome não evitaria que ficasse profundamente irrealizado e insatisfeito. Tal existir, não realmente humano no sentido próprio do termo, seria comparável a um vegetar, merecendo ser assim designado. Recordemos o que foi dito nas conferências anteriores sobre a vontade para o sentido, indiscriminadamente inata em todos os indivíduos, e sobre o anseio semiadormecido pela plenitude de sentido em sua existência.

Sempre que tal anseio e tal esforço por atingir um objetivo de vida e de conteúdo existencial se vejam frustrados, os efeitos se manifestam não apenas no âmbito dos sentimentos, como seja, o sentimento de solidão e de vazio. Tal falta de realização se vinga também através de outras consequências, afetando de modo desfavorável a base corpórea da totalidade dos processos vitais. Dessa realidade dá conta o conhecimento que temos de fatos relacionados a pessoas aposentadas que não encontram ocupação substitutiva, igualável pelo menos sob o aspecto psíquico, à atividade profissional antes exercida. Cedo ou tarde, com bastante regularidade, tais pessoas entram em declínio físico e psíquico, adoecem e morrem relativamente cedo. Contudo, também a outra face do mesmo fenômeno nos é conhecida. É a consciência de se ter uma tarefa a cumprir, uma tarefa bem concreta e altamente pessoal. E é o que não somente mantém a pessoa idosa psíquica e espiritualmente hígida, mas também a preserva das doenças e mesmo da morte. A esse respeito poderia referir toda uma série de fatos ocorridos com doentes, em confirmação do que venho a comentar.

Ao invés de histórias de doentes, vou trazer ao debate a história da literatura. Vem a propósito refletirmos, para tanto, sobre o caso de Goethe. Já tendo atingido provecta idade, pusera-se a trabalhar intensamente na ultimação da segunda parte da tragédia *Fausto*. Ao cabo de sete anos de trabalho, finalmente amarrou o manuscrito e sobre ele colocou o seu selo. Isso acontecia em janeiro de 1832. Em março desse mesmo ano, Goethe estava morto. Não estaríamos equivocados, por certo, se admitíssemos que essa morte já era iminente no início do referido trabalho. Obviamente, a mortalidade corporal não poderia ser evitada. Mas essa morte podia ser adiada. E o foi até que a obra, à qual ultimamente devotara a sua vida, estivesse pronta. Até então, atravessando sete anos de árduo trabalho, poderia Goethe ter vivido, se assim posso dizer, para além de suas condições biológicas.

Após essa excursão das histórias de doentes para a história literária, seja-me permitido fazer uma incursão na história natural. Nesse campo do saber somos informados de que, por exemplo, animais atuantes em circo e para tal fim amestrados e levados a desempenhar determinadas funções teriam, em média, vida mais longa do que os seus congêneres conservados em parques zoológicos, que permanecem inativos.

Mas volvamos aos seres humanos para tentarmos extrair do exposto uma aplicação prática e útil. Para tanto, convém sublinhar algo a que o Professor Stransky conferia particular realce, ao encarecer a urgência de, com vistas à higiene psíquica, propiciar-se aos idosos obrigados a abandonar a vida profissional a chance de se conservarem ativos de qualquer outra forma, em vez de "enferrujarem" na inércia. Stransky demonstrou, outrossim, quanto a permanência dessas pessoas em atividade seria comunitariamente benéfica. Entretanto, atribuo particular valor à circunstância de que o ser útil é da maior significação psicológica. Efetivamente se promove, a meu ver, o valor interno com esse estar de algum modo ativo, avivando-se no idoso o sentimento de, não obstante a sua idade, estar em função de um sentido.

Muitos pensarão que de maneira alguma ficou estabelecido e confirmado que o sentimento de utilidade própria e de dignidade vital da existência seja assim tão importante. Felizmente possuo elementos para demonstrar exatamente que tal importância com efeito existe. Disponho de exemplos que servem de modelo. E aqui me reporto à psicologia de pessoas desocupadas, especificamente à *neurose do desemprego*, por mim já descrita, e às experiências terapêuticas pertinentes.

No ano de 1933, em plena crise econômica, os psicólogos vienenses Bühler-Schüler Lazarsfeld e Zeisel publicaram, numa revista de psicologia, artigo sobre os desempregados de Marienthal. Nesse artigo alertaram para a influência funesta e mesmo ruinosa sobre a vida psíquica que pode advir da falta de trabalho. Em última análise, apenas vinha esse texto confirmar o que há trezentos anos escrevera Pascal nos seus *Pensées*: "Nada é tão insuportável ao homem como uma situação sem tarefas, sem objetivo". Examinada de perto, tal assertiva confirma, sob ângulo inverso, uma tese por mim desenvolvida e apresentada em conferência anterior. Enquanto Pascal se refere à impossibilidade de suportar-se uma vida sem tarefas, dizia eu, então, que *em absoluto nada existe que capacite tão bem o ser humano para a superação de dificuldades como isto:* a *consciência de ter uma tarefa a cumprir.*

Essa minha declaração ficou plenamente confirmada no que me foi dado observar quanto à neurose do desemprego. Tratava-se de pessoas, predominantemente jovens, que haviam caído em estado de depressão muito grave, relacionado, ao que se podia supor, à ociosidade. Poder-se-ia objetar que tais depressões são demasiado compreensíveis e de fácil percepção. Pode assim ser, mas para mim é sobretudo relevante a constatação de que tais depressões de maneira alguma tiveram a durabilidade de sua causa aparente, qual seja, a falta de emprego. E acrescente-se que as depressões em referência puderam ser afastadas sem se alterar no mínimo a situação de inatividade. Notadamente, as situações depressivas desapareciam no exato momento em que tais pessoas assumiam qualquer cargo honorífico, função portanto não remunerada, exercida, por exemplo, numa escola pública superior, numa biblioteca popular ou numa organização juvenil. Fosse como fosse, afinal podiam esses jovens sentir que se encontravam a serviço de uma boa causa e já não seriam inúteis à sociedade. Não raro tenho ouvido tais jovens dizerem com ênfase: "Não é de dinheiro que nós precisamos; o que queremos é um sentido de vida e um conteúdo de existência". A esses jovens se ajudou – e isso é o que conta – mesmo independentemente de se oferecer-lhes um meio de sustento ou uma situação de emprego. E muitos daqueles que haviam encontrado um conteúdo de vida e superado assim as suas depressões sentiam como antes o estômago a reclamar por falta de comida, pois não tinham com que prover a sua subsistência. E, mesmo assim, a indisposição de ânimo havia desaparecido.

Por essa razão sou otimista relativamente ao desafio de Stransky. Aliás, estou convencido de que o prolongamento da vida e a prevenção de doenças dos idosos não depende, de forma alguma, do fato de se tratar de ocupação remunerada, ou, no sentido das propostas e sugestões de Stransky, de atividade meramente honorífica.

Sob o aspecto da saúde psíquica, é irrelevante que o sujeito seja moço ou velho, qual a idade que possa ter. O que importa, isto sim, é a pergunta se o seu tempo e o seu-ser-consciente se encontram cabalmente preenchidos e satisfeitos por seja lá o que for. Necessariamente será algo a que o ser humano possa se dar, com a certeza de que, não obstante a sua idade, antes como depois, possa viver uma vida digna. Numa palavra, realizar-se interiormente, pouco importando a idade. O fundamental não é questionar se a atividade é capaz de conferir à existência humana um sentido e um conteúdo que se vincule, ou não, a razões de ordem econômico-financeira. Essencial e decisivo, sob o aspecto psicológico, é única e exclusivamente que tal atividade desperte no sujeito, por mais avançada que seja a sua idade, o sentimento de existir para algo – para algo ou para alguém.

HIGIENE PSÍQUICA DO AMADURECIMENTO

Quando falava sobre a higiene psíquica do ser humano em fase de envelhecimento, referia-me, de forma preponderante, ao homem, sexo masculino. Ao abordar problemas concernentes, não tanto aos idosos, mas a pessoas em vias de amadurecimento, parece-me oportuno tecer algumas considerações sobre a problemática especificamente relacionada com a mulher. Vamo-nos ater particularmente aos problemas que dizem respeito à mulher "já mais madura". O termo tão generalizado dos anos "críticos", como também essa fase é denominada, ou essa "idade perigosa", se deve a um equívoco radicado na confusão entre os conceitos de "amadurecer" e "envelhecer". Em razão desse equívoco muitas mulheres, vendo com angústia aproximar-se tal etapa de sua vida, são acometidas do assim chamado "pânico da porta fechada"[8]. Funda-se este na suposição de já terem começado a envelhecer.

Em certo sentido isso efetivamente ocorre. Todavia, se nos colocarmos em perspectiva assim limitada, envelhecemos todos muito cedo. A psicóloga Charlotte Bühler mostra que, por exemplo, no que tange aos órgãos corporais, há muito entramos em declínio, quando espiritualmente apenas começamos a aproximar-nos do vértice, do ponto culminante da nossa capacidade existencial.

---

8. O "pânico da porta fechada" (*Torschlusspanik*) é o temor de não encontrar marido [N.T.].

Em outras palavras, biologicamente caminhamos morro abaixo, ao passo que nossa biografia se encontra em ascensão, ou seja, se movimenta morro acima. Quem, portanto, se rende ao "pânico da porta fechada" esquece que novas portas se abrem, enquanto se fecham as antigas – novas portas e novas perspectivas. Apenas aquelas mulheres que a qualquer custo se esforçam para conservarem uma aparência jovem têm sobejas razões para estarem alarmadas.

O "pânico da porta fechada" não difere praticamente do medo geral. Mas também dele foi dito que todo medo é medo da morte. Eu gostaria de completar essa frase, acrescentando: Todo medo da morte é, no fundo, um temor da consciência. Quereria mesmo ir mais longe, ultrapassá-la, afirmando que ainda existe alguma coisa como o temor da consciência negativo. Diz respeito, tal temor, menos a feitos e ações, mas muito mais a todas as oportunidades perdidas e a todas as oportunidades que alguém possa ter desperdiçado na vida.

Tenhamos presente o que foi dito acerca da vontade de sentido, que contrapusemos à vontade de prazer – ou seja, ao princípio de prazer da psicanálise – e à vontade de poder – à ambição, da psicologia individual. Assim entenderemos, entre outros fatores, mas certamente em primeira linha, ser por essa vontade de sentido que a pessoa lamentará a perda das oportunidades que se teriam oferecido para a sua realização humana plena.

Entre as possibilidades que se abrem à mulher que queira dar sentido à sua existência, duas se situam em primeiro plano: a de ser esposa e a de se tornar mãe. Sem dúvida alguma, temos aí dois valores. O mal está em se absolutizar ambas essas possibilidades que podem dar sentido à existência de uma mulher. Se tais valores não forem assumidos em sua relatividade, corre-se o risco de divinizá-los. É o que sucede quando a mulher age como se o ser esposa e o tornar-se mãe não fosse apenas um, mas sim o único valor possível para ela. Já ouvimos dizê-lo e agora o sabemos confirmado. Toda idolatria traz em si uma potencialidade vingativa, levando diretamente ao desespero. Ou, em sentido contrário, cada desespero, em última instância, tem na sua base uma idolatria. Não tentemos encobrir o que tais coisas significam. De qualquer modo, muitas mulheres ficarão solteiras e não terão filhos. Muitas dentre essas mulheres que "sobraram" irão considerar-se supérfluas, tendo por inútil a sua vida e sem sentido a sua existência. Julgarão que sem marido e sem filhos sua existência carece de razão de ser. E então uma única questão de coerência pessoal poderá sobrar como alternativa trágica: uma mulher que assim pensa se decide, ou não, pelo suicídio. Poderá suceder, todavia, que ela se dê conta da idolatria a que se entregou. Somente ficará livre dos grilhões do desespero quando tiver alijado de si a sujeição idólatra em referência.

Felizmente é reduzido o número das mulheres que do desespero tiram a consequência extrema do suicídio. A maioria delas recua ante atitude assim radical, enveredando por outro caminho, embora seja o caminho da fuga. O primeiro caminho que se abre a elas para evitar o enfrentamento direto com o desespero é o da depreciação, do despeito. Pouco esse despeito se diferencia daquele que fez o protótipo dos despeitados, a raposa, achar que as uvas eram azedas. De modo análogo, valores como amor, casamento e filhos são vistos com olhos vesgos. Tem-se traduzido a palavra despeito por inveja da vida, podendo, neste caso, ser inveja do amor. O assunto, que merece um comentário, faz recordar o tipo da solteirona histérica, assim como aquela mistura de falso pudor e sensualidade que caracteriza certos tipos humanos irrealizados.

A mulher não casada e sem filhos ficará livre do desespero na medida em que conscientemente realiza a renúncia. É sábia a expressão ligada à renúncia, ao anunciar que esta deve ser "realizada". Trata-se, pois, de autêntica realização a ser solicitada de alguém. E é precisamente essa realização de uma renúncia que a salva da idolatria e, concomitantemente, do desespero. Renunciar significa reconhecer que o valor relativo é efetivamente relativo.

Isso soa abstrato. Para ser mais concreto, citarei um conhecido provérbio chinês: "Todo homem deve, durante a sua vida, ter plantado uma árvore, escrito um livro e gerado um filho". Ora, se quisessem levar a sério tal proposição, a maior parte dos seres humanos deveria mergulhar no desespero e, por via de consequência, eliminar a própria vida. De fato, reduzido é o número de pessoas que teria condições de conferir à sua vida o sentido correto. Mesmo que tenham plantado árvores, quiçá não escreveram um livro, ou geraram apenas uma filha, e vice-versa. Entretanto, quando não se diviniza o plantar árvores, o escrever livros e o gerar filhos, ou a própria paternidade, mas se idolatra a maternidade, deveremos admitir que a vida é realmente pobre. E efetivamente seria se não pudesse oferecer outras possibilidades de dar-se sentido a ela, de plenificá-la a partir de um sentido. Não se pode deixar de reconhecê-lo: Que vida seria essa, cujo sentido estivesse a depender da geração de filhos, do plantio de árvores ou da autoria de livros?

Certamente tais realizações configuram valores. Porém, são relativos. Absoluto, ao invés, somente pode ser o *preceito da nossa consciência*. E a consciência nos ordena que sob quaisquer condições e em quaisquer circunstâncias afrontemos o nosso destino, seja qual for. E nossa consciência exige que nos posicionemos frente a esse destino, de modo a dirigi-lo, sempre que tal for possível. Mas também devemos estar permanentemente em prontidão para assumi-lo e, se for o caso, realizar o sofrimento reto e correto de um destino autêntico.

Uma vez que assim tenhamos nos posicionando face ao destino, seja através de ação, seja – onde o agir não é possível – com uma atitude correta, teremos, de um modo ou de outro, feito a nossa parte[9]. Então já não haverá lugar para má consciência, positiva ou

---

9. Mesmo quando em nossa ação procedemos mal, tudo pode ser recuperado para um sentido por meio da atitude correta. De qualquer modo, isso dependerá da posição que assumirmos frente a nós próprios, por exemplo, distanciando-nos de nós mesmos para assim nos transcendermos.

negativa, por comissão ou omissão. E com isso também desaparecerá de vez o "pânico da porta fechada". Ele deflui, em última análise, daquela ilusão ótica de que já falei: o ser humano vê de um modo geral apenas os restolhos da transitoriedade, sem enxergar os fartos celeiros do passado. Escapa de sua visão tudo aquilo que salvou para o estar-no-passado, onde não estará irrecuperavelmente perdido, mas ficará conservado sem perda.

Quem se deixa dominar pela sensação de constante renúncia e permite que o subjugue o "pânico da porta fechada" olvidou que a porta que ameaça fechar-se é a porta de um celeiro repleto...

E não presta atenção à sabedoria e ao consolo que emanam destas palavras da Bíblia: "Na velhice irás para o túmulo, assim como os montes de feixes são a tempo recolhidos".

HIPNOSE

É comum vincular-se o surgimento da moderna psicoterapia, da terapia científica das doenças da alma, aos assim denominados estudos sobre a histeria de Breuer e Freud. No entanto, essa concepção pode ser um tanto aleatória, porquanto, com igual razão se poderia sustentar que a origem da psicoterapia coincide com o desenvolvimento do assim chamado mesmerismo, ou seja, dos ensinamentos de Mesmer. Assim como Breuer e Freud, atuou ele predominantemente em Viena. No que toca à sua doutrina, trata do que o próprio Mesmer designou como magnetismo animal. Na realidade, porém, o assim considerado magnetismo nada tem a ver com o fenômeno da natureza que corresponde, tanto na física de Mesmer quanto na de nossos dias, ao conceito de magnetismo. Em verdade, Mesmer, antes de tudo e efetivamente, reconheceu e pesquisou o que hoje em dia se conhece sob o nome de hipnotismo.

Relativamente às pesquisas desse estudioso, ocorreu algo semelhante ao que se tem dado com cientistas da atualidade, e, afinal, também com psicoterapeutas de hoje. A esse respeito vou me cingir à observação de que também os diversos tratamentos de choque – que inauguraram uma nova era na psicoterapia hodierna e que varreram do mapa o niilismo terapêutico da psiquiatria de ontem –, em grande parte, tiveram origem em conclusões teóricas falsas e, apesar disso, seus resultados são admiráveis. Fique claro, pois, que a hipnose de maneira alguma tem algo a ver com o magnetismo.

O que é hipnose? Ela é um estado psíquico incomum. Consiste num estado semelhante ao do sono em que cai o respectivo sujeito por iniciativa do hipnotizador. De que maneira ocorre isso, uma vez que visivelmente nos deparamos com o mergulho num sono diferente do sono comum, num estado apenas semelhante ao do sono? No caso de hipnose, o indivíduo é induzido em determinada situação por sugestões eficazes do hipnotizador. Em outras palavras, a hipnose – como a designaremos em nossa tentativa de defini-la – é um estado psíquico de exceção parecido com o sono, resultante de induções sugestivas. No que tange à essência da coisa, é irrelevante indagar se as sugestões são feitas por palavras ou realizadas através de veículos de outra natureza. Vale dizer, não é decisivo para o bom desempenho que eu convide o sujeito da experiência a reclinar-se confortavelmente, fechando os olhos e concentrando o pensamento naquilo que vou lhe dizendo. Não vem ao caso, portanto, que a hipnose seja introduzida deste ou daquele modo, que eu tente provocar, digamos, a sensação de crescente cansaço no sujeito mediante sugestões verbais, ou colocando à sua frente um objeto reluzente e faiscante, fazendo com que nele fixe o olhar.

Contudo, a caracterização da essência do que chamamos de hipnose necessita de uma complementação. A hipnose não configura apenas o resultado de sugestões, mas é, em si mesma, o solo supostamente apropriado ao acolhimento de mais outras sugestões. Trata-se de sugestões mais ousadas, se me é permitido assim chamá-las.

Um exemplo poderá ilustrar melhor o que pretendo esclarecer. Se eu colocasse sob o nariz de um cavalheiro ou de uma dama um frasquinho de benzina recém-aberto, dificilmente ousaria sugerir ao respectivo sujeito da experiência, ou, dito de modo menos fidalgo, convencê-lo a admitir que se trate de um perfume, digamos de essência de rosas. Mas certamente não seria difícil sugestionar a respectiva pessoa – pressupondo, naturalmente, tratar-se de alguém com inteligência mediana e que tenha, além disso, mostrado interesse pela experiência –, de modo a que sinta fadiga e que tal fadiga vá aumentando, que seus membros se tornem mais e mais pesados, que seus olhos se fechem e que finalmente se produza uma situação assemelhada ao sono. Se tiver levado a pessoa a esse ponto, poderia assumir o risco de chegar-lhe ao nariz um pouco de benzina. E o resultado muito provavelmente será o de eu não ficar desiludido, ou, se posso dizê-lo, cometer um "fiasco". Posso insistentemente perguntá-la: "Aqui está um perfume. Você o percebe? É essência de rosas". E, com bastante probabilidade, obterei resposta afirmativa: "Sim, dá para senti-lo... O cheiro é de rosas".

Pretendo com isso apenas esclarecer que fatos como esse acontecem, nada tendo a ver, no entanto, com fenômenos espíritas, ocultismo ou coisas semelhantes. Com a hipnose ou, em sentido mais geral, com as sugestões, as coisas ocorrem de forma objetiva e normal. Nada de sobrenatural se liga ou subjaz a tais processos, por mais que artistas de teatro de variedades e charlatães da psicologia se apliquem em vestir fenômenos puramente naturais com a capinha da magia, cercando-se a si mesmos com a aura da ciência e do poder extraordinários. Ao que entendo, deve, em resumo, ser demitizada a hipnose.

Tal tendência corresponde ao objetivo de se retirarem da hipnose os recursos à magia e purificar os métodos de sugestão da atmosfera mágica. Para usarmos as palavras de Ernst Kretschmer, a aura do curador mágico não é compatível com a figura do médico de formação científica. Gostaria de acrescentar que o médico não deve jamais assumir, a instâncias do paciente, tão indigno papel. Com maior razão ainda deverá evitá-lo em se tratando de enfermos que manifestem preferência por tratamento psicoterápico de suas moléstias que não exija deles qualquer decisão. Sabemos nós, contudo, que, quanto à eficácia e cada efeito da psicoterapia depende, em última análise, a decisão pessoal do paciente.

Analisemos ainda algumas perguntas que, não raro, são dirigidas ao neurologista pelo leigo. É comum perguntar-se: Quem possui capacidade para hipnotizar? Quem pode ser hipnotizado? A quem é permitido hipnotizar? E, finalmente, pode haver crime relacionado com a hipnose? Resposta à primeira pergunta:

Fundamentalmente é capaz de hipnotizar toda pessoa que disponha dos conhecimentos técnicos necessários para tanto e, de resto, possua aquilo que costumo chamar a sensibilidade psicológica na ponta dos dedos. O conhecimento dos diversos procedimentos técnicos, como é fácil de ver, faz parte da formação médica. Jamais me ocorreria dar aqui, na condição de médico, indicações sobre tal matéria. Nenhum dos meus leitores seria por esse meio treinado como hipnotizador. Quando muito, poderia acontecer que um ou outro pegasse no sono, e talvez unicamente por enfado. Afinal, adormecer nessas condições não seria nenhum fato alarmante. O nosso encontro já se prolonga por horas e de resto lhe asseguro que amanhã cedo acordará no horário de sempre sem que, para tal fim, eu tenha de lhe ministrar ordens pós-hipnóticas.

Uma clínica alemã começou a utilizar o telefone, o aparelho de som e o "magnetofone" para colocar em estado hipnótico seus pacientes, livrando-os de toda sorte de dores e outros incômodos. Diria eu que tal expediente é algo típico da nossa época. Com efeito, representa uma tentativa de emprego combinado do mito e da tecnologia. A referida clínica pelo menos não "coletivizou" os seus procedimentos hipnóticos mecanizados, restringindo o seu uso a pacientes individuais.

E isso é importante, porque nem sempre tem funcionado sem mais problemas. O fato me traz à memória episódio por mim vivido ao tempo em que, como médico novo, prestava serviço em determinado setor de um hospital de Viena. Meu chefe certa vez me confiou a tarefa honrosa e não menos significativa de hipnotizar uma enferma idosa. Queria operá-la, mas a paciente não apresentava condições de suportar uma anestesia local. Tentei então tornar a pobre senhora insensível à dor e felizmente fui bem-sucedido. Só que eu não previra certa implicação do procedimento... Por que, aos louvores dos médicos e às expressões de reconhecimento da paciente, misturaram-se contundentes recriminações da enfermeira encarregada da instrumentação da cirurgia. É que ela, em todo o decurso do procedimento cirúrgico, conforme depois me revelou, teve de empregar todas as suas energias de vontade para combater a sonolência provocada pelas minhas monótonas sugestões.

Em outra ocasião, num departamento de neurologia, nos primeiros tempos de minha vida profissional, meu chefe solicitou-me que provocasse, através da hipnose, o sono de um paciente acomodado em quarto com duas camas. Tarde da noite, entrei furtivamente no quarto, sentei-me na cama do respectivo doente e passei a repetir, no mínimo por meia hora, as sugestões pertinentes: "Você está tranquilo, você está confortável e cansado, você está ficando mais sonolento, você respira calmo, as pálpebras ficam pesadas, todas as preocupações estão longe – logo, logo você vai dormir". E assim o procedimento prosseguiu, pelo espaço de meia hora. Mas quando eu quis discretamente afastar-me, fui obrigado a constatar, desiludido, que absolutamente em nada eu ajudara ao homem. Todavia, qual não foi o meu assombro quando, na manhã seguinte, ao entrar no quarto, fui recebido com a exclamação: "Dormi admiravelmente esta noite. Poucos minutos depois que o senhor começou a falar, mergulhei em profundo sono". Com essas palavras fui saudado naquela manhã pelo paciente vizinho daquele que eu deveria hipnotizar...

Vamos à segunda pergunta: Quem é que pode ser hipnotizado? Em princípio, todos, exceto crianças e doentes mentais. De um modo geral, a hipnose é exequível somente quando a pessoa a ser hipnotizada se encontra interessada pelo procedimento. E não apenas teoricamente, mas, ao contrário, na prática. Vale dizer que deve ter interesse para, mediante a hipnose, ficar livre de um sintoma de doença. A vontade de curar-se é, pois, pressuposto justificativo da iniciativa do hipnotizador. De maneira alguma, no entanto, é válida a tão disseminada opinião de que só pessoas de vontade fraca se deixariam hipnotizar.

A quem é permitido hipnotizar? Como se trata, no caso da hipnose, de um processo de tratamento psicoterápico e de conformidade com a legislação austríaca, é reservada ao médico tal prática. Portanto, só ao médico é facultado utilizar a hipnose para fins terapêuticos. Conquanto o efeito não seja necessariamente terapêutico, o motivo de uma hipnose deverá sê-lo. O que aconteceria, no entanto, se o motivo não fosse terapêutico, mas, ao contrário, criminoso, ou, por outra, se o efeito da hipnose fosse planejado para a concretização de um efeito criminoso? O que dizer, em outras palavras, do hipnotizador que hipnotiza com má intenção ou do assim denominado médium (que expressão ridícula – como se a hipnose tivesse algo a ver com espíritos), que levasse o hipnotizado a empreender algo condenável? Vamos ser breves: na hipnose e a partir da hipnose nunca será transformado em ação algo que não corresponde à vontade do respectivo sujeito, ou vá de encontro a interesse fundamental seu. Em última análise e de qualquer maneira, durante e depois da hipnose, nada acontece a que o sujeito da experiência não tenha dado, de alguma forma, o seu consentimento.

Tal opinião foi defendida também por famoso psiquiatra vienense. Mas contra ele saiu a campo um não menos famoso astro do teatro de variedades. Para contrariar a opinião dos entendidos, aquele saltimbanco hipnotizador certa vez hipnotizou uma "médium", colocando-lhe uma pistola na mão e dando-lhe a ordem pós-hipnótica de entrar no consultório do psiquiatra e ali mesmo abatê-lo a tiros. O que aconteceu? O que fez aquela senhora? Ela fez exatamente o que lhe fora ordenado. Mas no momento em que, na presença do médico, empunhou a pistola, baixou-a sem puxar o gatilho. Dessa sorte, foi desmentido o agente da experiência em sua pretensão de provar que seria possível o crime em estado hipnótico. O atentado não chegou a efetivar-se. No entanto, mesmo que tivesse chegado a sê-lo, a "vítima" teria sido poupada sem ser desmentida. Pois, posso denunciá-lo a vocês, a vítima não se teria tornado vítima, mas escapado sã e salva. É que a pistola era de brinquedo e a delinquente, que não era delinquente, sabia muito bem que a pistola não era de verdade.

A ANGÚSTIA E AS NEUROSES DE ANGÚSTIA

Se entendemos psicoterapia como medicina da alma, seu objeto é o tratamento das neuroses. Entre elas, distinguimos principalmente as neuroses de angústia e as neuroses obsessivo-compulsivas, conforme os respectivos sintomas sejam o de angústia ou o de obsessão-compulsiva. Hoje veremos mais de perto algo sobre as neuroses de angústia. Seria de supor que a frequência do surgimento de doenças neuróticas de ansiedade verificada em tempos recentes tenha se exacerbado ainda mais na época atual. De fato, em toda parte se ouve falar em angústia. Vive-se a dizer, por exemplo, que vivemos na era do temor, ou então se fala no temor como doença do Ocidente. No entanto, em que pese esse alarde, efetivamente não se trata de constatações fundadas em comprovações científicas. Os comentários sobre o assunto não passam, via de regra, de conversa ociosa. Um psiquiatra norte-americano, por nome Freyhan, pôde comprovar que em épocas pregressas existia muita ansiedade e se conhecia o temor por razões mais fortes do que o experimentado por nossos contemporâneos. O referido autor lembrou os tempos da cremação de bruxas, da peste, do tráfico de escravos e das migrações dos povos. Entretanto, não é apenas em termos do passado que a ansiedade não recrudesceu em nossa época, mas também em relação às últimas décadas. E isso pode ser provado com rigorosa exatidão, à luz de dados estatísticos.

Relativamente ao que disse, quero louvar um trabalho do Professor Hirschmann. Ele logrou demonstrar que o percentual de doenças mentais não somente se manteve estável – já o sabíamos –, e numa conferência anterior chamei atenção sobre o fato de que aquele colega, como dizíamos, pôde comprovar que, quanto às neuroses, e não apenas quanto às psicoses, no referido lapso de tempo não se registrou aumento nem diminuição em número. O que mudou foi o quadro sintomático, havendo, nesse sentido, uma mudança, pois os estados de angústia sofreram um decréscimo.

Releva examinarmos, a essa altura, as causas que possam encontrar-se na raiz de algo como a neurose de angústia. Habitualmente se tende, hoje em dia, também nos círculos leigos, a atribuir o surgimento de tal neurose ao assim chamado choque, ou àquilo que o leigo entende sob essa designação. Ou se fala num trauma psíquico como elemento condicionante da neurose de angústia. Seria, ao que se supõe, uma sorte de lesão psíquica, uma experiência chocante que o respectivo doente teria sido eventualmente forçado a suportar na primeira infância. Ou então se fala, utilizando expressão corrente, em complexo. Todavia, tudo isso dificilmente será a última e verdadeira causa da doença neurótica de angústia. Que um trauma psíquico e, pois, um evento correspondentemente grave, com o tempo possa ter para o ser humano efeitos lesivos ou prejudicá-lo de outro modo, dependerá do próprio sujeito, de sua estrutura de caráter, e não propriamente do evento em si mesmo.

O fundador da psicologia individual, Alfred Adler, já dizia: "As experiências o homem *faz*". E com isso queria significar que depende do indivíduo se e como ele se *deixa* influenciar pelo meio ambiente. De resto, com tamanha frequência se registram experiências psíquicas graves em cada ser humano que *não podem* ser consideradas como sendo a verdadeira causa de doenças. Sobre tal suposição fiz certa vez um teste por amostragem. Encarreguei uma colega de destacar, sem prévia seleção, uma série de pacientes neuróticos, portanto, pessoas psiquicamente enfermas, que se encontravam conosco em tratamento ambulatorial. Propunha-me verificar quais os conflitos e traumas psíquicos de várias espécies que poderiam ser neles constatados. Solicitei, a seguir, que se estendesse a sondagem acerca dos mesmos conflitos e traumas a um grupo de igual número de pacientes do nosso hospital, também escolhidos a esmo, que não eram doentes psíquicos, mas haviam adoecido de enfermidade orgânica do sistema nervoso. E veja-se o resultado, para mim deveras surpreendente: comprovou-se que conflitos e experiências de idêntica configuração e igual gravidade acusavam índice bem mais elevado nos doentes psiquicamente sãos, mas acometidos de moléstia orgânica, do que em doentes organicamente sadios, mas a nós confiados por motivo de doença psíquica, notadamente, neurose. Como se vê, fatores idênticos e igualmente graves haviam deixado sequelas danosas para um grupo e não para o outro grupo. Disso se deduz que não podem depender da experiência vivida, ou do meio ambiente, e sim de cada ser humano em particular e de sua atitude frente ao evento.

Assim sendo, não teria qualquer sentido a pretensão de se praticar profilaxia relativamente à neurose, com o fito de se prevenirem doenças psíquicas, em se afastando do sujeito todo e qualquer evento conflituoso, ou removendo do seu caminho todas as circunstâncias que possam ter graves consequências. Talvez fosse indicado, isto sim, tornar as pessoas, por assim dizer, *psiquicamente mais tenazes*, de acordo com a lição extraída de antiga experiência, que nos ensina haver correlação entre a carga a suportar (não me refiro à carga hereditária e sim à carga no sentido de uma exigência) e a saúde psíquica. O que se pode averiguar com suficiente frequência, e sempre de novo se confirma a partir da vida das pessoas, é que em situações de necessidade extrema e crise tem-se verificado minoração de incidência de doenças neuróticas. Costumo comparar tal realidade com o caso de uma abóbada na iminência de ruir, que pode ser reforçada colocando-se peso em cima dela. Em sentido reverso, constata-se também que precisamente situações de alijamento de carga, de alívio da pressão psíquica longa e intensa, envolvem perigo. Figuremos apenas o caso de soltura de presos. Tem ocorrido, não raro, que ex-presidiários somente após terem reconquistado a liberdade entram em crise psíquica séria, ao passo que no decurso de sua vida no cárcere, expostos à pressão interna e externa constante, eram capazes de dar o melhor e realizar o extremo. Tão logo, porém, foi removida a pressão a que estavam submetidos, ao se verem repentinamente livres do confinamento carcerário, o súbito relaxamento da pressão trouxe consigo consequências que lembram, de certo modo, a assim denominada "doença do mergulhador". Ocorre com o mergulhador quando, ao ser trazido à tona d'água, adoece com risco de vida, em consequência da repentina diminuição da pressão que seu corpo suporta.

Algo semelhante pode ser constatado quanto a pessoas dispensadas de sua atividade funcional ou profissional, subitamente aliviadas das tensões inerentes às constantes solicitações e à superação de problemas a que estavam afeitas durante longos anos de sua vida. Refiro-me à conhecida crise psíquica não raro consectária da inatividade por aposentadoria, que não tenha sido em tempo substituída por outra ocupação e tarefas correspondentes. Caberia aqui um comentário sobre a assim chamada neurose dominical, que consiste naquela tendência para a tristeza que se apodera de não raras pessoas nos fins de semana, precisamente quando poderiam respirar aliviadas, sem o peso do trabalho dos demais dias da semana. É exatamente então que a pessoa se dá conta de sua aridez e vazio interior, de sua incompletude psíquica e espiritual e da falta daquela tarefa vital que lhe permita ultrapassar os limites do ganha-pão cotidiano e tornar sua vida realmente digna de ser vivida. Não admira, pois, que o policlínico de Heidelberg e diretor de hospital, Professor Plügge, numa avaliação e acompanhamento psicológico de cinquenta pessoas que haviam tentado o suicídio, pudesse constatar ser razão última e profunda de seu tédio mortal não a penúria ou a doença, nem complexos ou conflitos, mas sempre de novo e unicamente isto: uma indizível carência interior de realização, a consequência de uma existência aparentemente sem sentido.

Professores da Clínica Médica da Universidade de Munique Gustav *v.* Bergmanns conseguiram demonstrar, com apoio em exames de saúde efetuados em ex-prisioneiros de campos de concentração, que também doenças de internamento como as do coração, pulmões, estômago, intestinos e metabolismo basal, em grande parte somente se manifestam depois de tais pessoas serem libertadas e aliviadas da pressão suportada. Com base nessa observação, os pesquisadores em referência indagaram por que o ser humano consegue conservar seu aprumo nos planos físico e psicológico, quando repentino desembaraço de peso ou igualmente grande imposição de carga podem fazê-lo adoecer. A conclusão final foi esta: Se o homem quiser permanecer são de corpo e alma precisa, sobretudo, ter um objetivo de vida adequado, uma tarefa a cumprir consentânea com suas aptidões; em suma, uma vida que lhe ofereça desafios permanentes, notadamente aqueles que é capaz de enfrentar. Essa é, no entanto, variação de um tema de que em outras circunstâncias fiz menção e que, a meu ver, recebeu de Nietzsche a formulação mais precisa de quantas conheço. A sentença de Nietzsche assim se enuncia: "Quem tiver um por-que--viver suporta quase sempre o como-viver". Vale dizer que possui condições para superar todas as dificuldades somente aquele que conhece o sentido de sua vida.

Importa que essa realidade, lei básica da existência humana, frutifique no campo da psicoterapia. E exatamente aqui é o lugar de nos referirmos ao neurótico de angústia, que, em última análise, só pode ser arrancado do círculo vicioso de suas preocupações em torno da própria ansiedade na medida em que não apenas aprende a desviar a atenção do sintoma, mas a devotar-se a uma causa. E quanto mais o doente colocar em primeiro plano uma causa que possa dar sentido e valor à sua vida, tanto mais as necessidades pessoais ficarão arredadas para o segundo plano dos eventos. Com isso se evidencia também que não raro deve ser considerado muito mais importante assumir o risco de desviar a atenção do sintoma do que *pesquisar* acerca de complexos e conflitos com vistas à possível eliminação do sintoma. No *Diário de um pároco de aldeia* de Bernanos deparamos com estas belas palavras: "Odiar-se a si mesmo é mais fácil do que se pensa. A graça consiste em esquecer-se a si próprio". Usando o dito com pequena variante, poderíamos acrescentar: Muito mais importante do que *desprezar-se* a si mesmo ou *respeitar-se* desmesuradamente – muito mais importante do que isso seria *esquecer-se* completamente. Vale dizer, nem mesmo pensar em si mesmo e em suas realidades interiores, mas entregar--se incondicionalmente a uma tarefa correta, cuja realização nos é exigida e pessoalmente reservada. Efetivamente, o caminho para o mundo é o único que nos reconduz ao nosso próprio eu, conforme salienta Hans Trüb. E somente na entrega a uma causa construímos nossa própria pessoa. Não será através da autocontemplação, no mirar-se na própria imagem, nem gravitando em torno da própria ansiedade que ficaremos livres da ansiedade, e sim, pela dádiva de nós mesmos, pelo expor-nos e doar-nos a uma causa digna de tal doação. É esse o segredo de toda a autoestruturação e ninguém por certo o exprimiu com mais propriedade do que Karl Jaspers, ao falar na "base falsa do ser-pessoa fundada unicamente sobre si mesma", e quando declara que "o homem se humaniza na medida em que se dá aos outros". E, finalmente, quando escreve: "O que o homem é, ele o é pela causa que fez sua".

Em outros termos, a existência do ser humano é profundamente marcada pela sua autotranscendência. O que com isso pretendo transmitir é o fato de que ser-pessoa invariavelmente implica ir além de algo que não é ele próprio, mas alguma coisa ou alguém; é colocar-se em função de um sentido, ou a serviço de um outro ser humano, com o qual se encontra pelo amor. E somente na medida em que o sujeito desse modo se ultrapassa a si mesmo a serviço de uma causa, ou no amor a uma pessoa, a si mesmo se realiza. E, quanto mais se abre para a sua tarefa, quanto mais dedicado for ao seu parceiro, mais ser humano é e mais será ele próprio.

SOBRE A INSÔNIA

A conferência de hoje está tendo início mais tarde, numa hora em que alguns de meus leitores, com justa razão, talvez já tenham pensado em entregar-se ao sono. Será compreensível, portanto, que, na escolha de um tema adequado, tenha eu decidido discorrer sobre a questão do sono como problema psicoterápico, ou seja, um problema psicomédico, em referência, em primeira linha, à questão das *perturbações* do sono, que é o de maior interesse para o leigo. Costuma-se pensar sobre o sono apenas a partir do momento em que sucede a perturbação do sono. Ocorre aqui algo semelhante ao que se verifica relativamente ao homem médio, ao não médico, o qual começa a pensar no coração e mesmo a sentir esse órgão tão logo constate uma perturbação, verificando, por exemplo, que tem taquicardia.

Contudo, o paciente que procura o médico por causa da perturbação do sono quase nunca emprega a palavra perturbação do sono, mas diz *falta* de sono, ou insônia. Como se pudesse alguma vez ocorrer a insônia no sentido de completa ausência de sono. A pessoa que sofre da assim chamada insônia e se diz afetada pela mesma na verdade está equivocada, porquanto, embora tenha certamente dormido durante poucas horas da noite, mostra-se disposta, pela manhã, a jurar não haver dormido um segundo sequer. E deve ser dito que *necessariamente* incide nesse equívoco, sem exagerar conscientemente o que afirma. Afinal, essa ilusão é muito parecida com outra, aquela que leva muitas dessas pessoas a jurarem que nunca sonham, quando, na verdade, apenas esquecem os seus sonhos.

Quanto à perturbação do sono, é bom advertir-se desde logo que os assim chamados soníferos e, pois, todos os recursos medicamentosos para provocar, por meios químicos, o sono, não representam, evidentemente, uma verdadeira terapia. Ao contrário, seu uso constante, por certo tempo, *nunca* ocorrerá sem algum dano à saúde. Não se pode, todavia, objetar fundamentalmente a que sejam receitados em determinadas situações. No caso de algum estado agudo de excitação causado por conflitos ou problemas atuais, tal uso será indicado se a respectiva pessoa, com ajuda de soníferos e mediante a assim denominada muleta química, tenha assegurado o seu sono. Não será isso preferível a que, orgulhoso demais para valer-se da muleta química e demasiado inerte para consultar o médico, venha a passar longas noites indormidas e, em consequência disso, aconteça *algo* indesejável nesse ínterim? Poderá acontecer também que, entrementes, tenha-se resolvido o problema ou solucionado o conflito causador da perturbação do sono, mas, isso não obstante, a falta de sono persista sem razão externa. Tal se deve, talvez, ao fato de a respectiva pessoa, nesse meio-tempo, ter começado a sentir medo da insônia, sendo que o próprio medo por si mesmo possivelmente venha a espantar-lhe o sono. Trata-se do mecanismo de ansiedade antecipatória, pelo qual um sintoma qualquer, por si mesmo inofensivo e fugaz, gera determinados temores no respectivo paciente. Tais temores, por sua vez, reforçam o respectivo sintoma, e aqueles temores se tornam mais intensos. Nessa perspectiva gostamos de falar em círculo vicioso, uma roda diabólica em que o paciente se vê enredado. Egon Fenz, talvez com mais propriedade, fala numa espiral, em cujos círculos o evento doença é transportado em sentido ascensional e de forma crescente. O doente se enclausura em sua ansiedade antecipatória de forma progressiva, como num casulo. De início talvez ainda espera que o sintoma não se manifeste. Mais tarde passa a temer que surja e, finalmente, já se terá convencido de sua presença.

O que poderia ser feito, sob o ponto de vista médico e de parte do próprio paciente, contra a ansiedade antecipatória, no caso específico, a expectativa ansiosa de não dormir, diante do espectro de mais uma noite indormida? Aí temos uma ansiedade que poderá intensificar-se a ponto de constituir a assim chamada ansiedade de cama. A pessoa que sofre perturbações de sono passa o dia todo sentindo "cansaço". Mas na hora de recolher-se à cama dela se apodera o medo – exatamente ante a expectativa de mais uma noite sem dormir. Torna-se inquieta e excitada e esse mesmo estado de excitação não permite que pegue no sono. Aliás, tende a cometer então o maior erro imaginável, que é o de se predispor à *espera ansiosa* do sono! Crispada, em intensa expectativa, põe-se a observar o que lhe está acontecendo. E quanto mais aplicar a atenção nesse intuito, tanto menos conseguirá distender-se para que *possa* adormecer. Na verdade, sono significa apenas completa distensão. Conscientemente se aspira à vinda do sono. Mas sono não *significa* outra coisa do que mergulhar no inconsciente. E todo pensar nele e todo *querer* dormir apenas servem para impedir que se *consiga* adormecer.

Conheço um homem que sempre tinha grande dificuldade para adormecer. Um dia, depois de conseguir, a muito custo, pegar no sono, assustou-se com algo que lhe ocorreu. Em estado de semidormência lhe sobreveio a sensação perturbadora de que desejava realizar algo, de pensar fazer alguma coisa. Acordando, deu-se conta de que era apenas adormecer que ele queria! Isso faz recordar uma figura de comédia, um senhor senil que a todo momento dirigia a si mesmo a pergunta: "Afinal, o que é que eu queria mesmo dizer? Ah, sim, nada".

Ocorre o que Dubois certa vez disse: "O sono se parece com uma pomba que pousa tranquila na mão, enquanto esta não se move; mas voa quando se tenta pegá-la". Também o sono é afugentado pelo simples fato de se ansiar por ele. E quando ele é esperado com antecipação tensa, pior ainda. Quem aguarda o adormecer com impaciência, interrogando-se ansiosamente sobre o sono, afugenta-o.

Diante disso, como proceder? Antes de mais nada, é preciso que a pessoa fique livre da ansiedade antecipatória e consiga varrer da mente a angustiante expectativa de uma noite indormida. Para tanto, tenha-se em vista o que é incondicionalmente válido para quantos tenham o problema da falta de sono e que, em síntese, se resume nesta norma básica: o sono *de que o organismo necessita, por lhe ser indispensável, de qualquer forma o organismo encontra.* Isso deve ficar claro. E da certeza desse fato há de se extrair, diria eu, confiança no próprio organismo. Por certo, esse mínimo de sono necessário é determinado para cada pessoa e o seu ritmo é diferente para cada um em particular. E não é a duração do sono o que importa, mas a assim chamada quantidade de sono, e essa quantidade é o produto das horas dormidas somadas à profundidade do sono. Há pessoas que não precisam de sono prolongado, mas de sono profundo, ainda que de duração exígua. Em relação à mesma pessoa, a profundidade do sono varia no transcurso da noite. De acordo com a curva do sono, as pessoas podem ser divididas em vários tipos. Uns dormem mais profundamente pela meia-noite, outros atingem o máximo de profundidade um pouco antes do amanhecer. Privando-se uma pessoa assim constituída de poucas horas de sono matinal, fica o seu sono quantitativamente mais prejudicado do que o do tipo da meia-noite, cuja curva de sono diminui pela manhã.

Não haja, portanto, nenhuma ansiedade quanto aos efeitos sobre a saúde decorrentes de uma perturbação do sono! Ademais disso, é válido o seguinte: a pessoa com perturbações de sono, ao recolher-se para dormir, pode pensar em tudo, mas não deve pensar no problema do sono, na insônia, ou coisas semelhantes.

Poderia pensar, de preferência, em eventos do dia anterior. É indicado que os passe em revista perante os seus olhos espirituais – o que será sempre melhor do que reprimir quaisquer preocupações ou questões, expulsando-as do consciente. Pois, se tal ocorrer, talvez venham a perturbar o sono e, no mínimo, podem intranquilizar os seus sonhos. Não é, pois, suficiente o que se contém nesta proposição negativa: não pensar no sono. Tal proposição obriga, mesmo que seja no sentido negativo, a pensar nele. Acontece então o que se deu com o homem ao qual se prometera o poder de transformar o cobre em ouro, sob a condição de não pensar em camaleão durante os dez minutos do respectivo procedimento de alquimia. A partir desse momento foi-lhe impossível pensar em outra coisa senão nesse animal raro em que em dia algum de sua vida pensara antes.

Se assim ocorre, conforme afirmei de início, que o crispado anseio e a vontade consciente de adormecer afugentam o sono, o que dizer se, ao contrário, alguém se deita e *não* deseja pegar no sono, ou não possui qualquer desejo definido, ou talvez até deseja o oposto, pelo menos algo diferente do adormecer? Nesse caso, o resultado não diretamente pretendido estaria assegurado. O efeito ficaria garantido pelo fato de ele realmente adormecer. Em suma, em lugar da ansiedade de insônia há de entrar o propósito de passar-se a noite em claro, ou seja, a renúncia consciente ao sono. E será o suficiente para garantir o adormecer. Para tanto, a decisão seria esta: "Eu não *quero* dormir; quero apenas relaxar e pensar nisto ou naquilo, nas minhas últimas férias etc." Infere-se do exposto que o *querer* dormir pode inviabilizar o adormecer. De outra parte, o aparente e temporário querer ficar acordado paradoxalmente chama o sono. No mínimo já não se temerá a insônia, sendo esse o melhor caminho pelo qual o sono suavemente deslizará ao encontro de quem dele precisa.

Resta-me dizer algumas palavras, não sobre a perturbação do início do sono, mas sobre a da continuidade do sono. O que fazer quando o problema não é conciliar o sono logo de saída e, sim, quanto à sua duração, perturbada por interrupções incômodas durante a noite? Antes de mais nada *não* se deverá proceder erroneamente como algumas pessoas o fazem. Não se deve acender a luz, não se deve olhar para o relógio, não se deve pegar um livro, não se deve, enfim, pensar em projetos profissionais do dia seguinte. Dever-se-á, única e exclusivamente, fazer o seguinte: tentar agarrar a ponta do último sonho e por ali amarrá-lo ao pensamento. Numa palavra, não se deve cair fora da atmosfera do sonho. E o que fazer quando se desperta cedo demais, em consequência de ocorrências desagradáveis, como vizinhos barulhentos e coisas semelhantes? A solução só pode ser esta: não se entregar à revolta contra perturbações dessa ordem. A revolta *contra* agentes perturbadores do sono, de um modo geral, converte-se em elemento desestabilizador do sono. Por outro lado, importa que evite-se fazer dessa revolta um camaleão, com o objetivo de *não* se irritar e, por isso mesmo, irritar-se ainda mais, o que redundaria em revolta contra a própria revolta. De fato, nada consegue irritar mais uma pessoa já irritada do que dizer-lhe: "Homem, não se irrite!" Ajudar-se-á a pessoa cujo sono foi perturbado evitando que se entregue à revolta, mas, digamos assim, acalente a ideia de que deveria agora, bem cedo, deixar a cama e executar qualquer trabalho desagradável, ou coisa parecida. Tão logo se entrega a tais fantasias, sobrevém-lhe tal modorra que, mais cedo ou mais tarde, torna a dormir. Com isto teríamos chegado ao fim dessa fragmentária exposição sobre as perturbações do sono. Poderei dar-me por feliz se tiver conseguido, com esta conferência, provocar em um ou outro dos meus leitores um grau de sonolência e cansaço tal que pelo menos por hoje lhe tenha assegurado um sono bom e tranquilo.

HIPOCONDRIA E HISTERIA

Hoje nos ocuparemos de duas manifestações de doença, cujos nomes já são do domínio de inúmeros leigos, embora de origem alienígena, tirados do grego antigo: a hipocondria e a histeria. "Você é um hipocondríaco... Você é uma histérica...!" Essas palavras não designam apenas diagnósticos leigos. São igualmente usadas como qualificativos de conotação pejorativa. Por essa razão, tanto mais relevante é colocá-las sob a lupa do nosso exame, de modo a restabelecer-se o sentido exato do seu conteúdo significativo, com o cuidado de mantê-las ao alcance da compreensão geral, sem sacrifício do seu cunho científico.

Com esse objetivo, vamos mais uma vez partir de um caso concreto. Apareceu-me uma paciente que há muito tempo vem sofrendo intensas dores cardíacas. O que a faz sofrer ainda mais é uma forte ansiedade, fundada no medo de que, por detrás desses incômodos, possa ocultar-se doenças do coração, dessas que mais cedo ou mais tarde levam à morte. A tal ponto se agravara a situação que por meses não podia mais sair de casa ou, se o fizesse, devia fazer-se acompanhar por alguém, tamanho era o seu medo de que algo lhe pudesse acontecer na rua, que pudesse ter um colapso, sofrer uma queda, ou ser acometida de enfarte do miocárdio. Se nos detivéssemos no exame dos antecedentes de todos esses temores tipicamente hipocondríacos, descobriríamos que há algum tempo a doente efetivamente havia adoecido de leve afecção cardíaca, e tal ocorrera em circunstância relacionada com uma assim chamada infecção gripal. Com a gripe e o estado febril elevado haviam surgido distúrbios cardíacos, na forma de espasmos e outros indícios semelhantes. O médico da família determinou a realização de um eletrocardiograma. Ao ter em mãos o resultado, sacudiu a cabeça e disse: "Pois veja, uma lesão do miocárdio..." Pior coisa dificilmente poderia ter acontecido à doente. Vislumbrou ela no diagnóstico de "lesão do miocárdio" algo parecido com uma condenação à morte. Não foi sem razão que Karl Kraus escreveu: "Uma das doenças mais comuns é o diagnóstico". Quis com isso ponderar que não poucos os enfermos ou pacientes, muito mais do que por causa da doença propriamente dita, sofrem pelo fato de terem sido diagnosticados e rotulados. E esse rótulo, para assim dizer, os machuca. *Semper aliquid haeret*, diz o autor latino, o que, traduzido, soa assim: "Alguma coisa sempre fica". Algo remanesce fixado, aderente, de forma indelével. E a pessoa, em especial o doente, mostra-se inclinado a atribuir a um diagnóstico o significado de um prognóstico desfavorável.

Mas voltemos à nossa doente. Tão logo soube ela que se constatara "lesão do miocárdio", encontrou um conhecido e imaginem qual teria sido o assunto da conversa! Evidentemente, o tema era o resultado do eletrocardiograma. O conhecido reagiu à notícia com estas palavras: "A senhora sabe que minha filha tem uma lesão do miocárdio e vive desmaiando em plena rua?" A partir de então nossa paciente passou a angustiar-se com a antevisão de um desmaio, de um colapso, e nós sabemos de palestras anteriores como o temor se presta a produzir exatamente aquilo que se teme. Conforme dizíamos na oportunidade, assim como o desejo é o pai do pensamento, a ansiedade é a mãe do evento, no caso, da doença. E o temor de um colapso, que a paciente alimentava, em breve passou a produzir toda sorte de sensações equivocadas. E essas sensações a levavam sempre de novo ao médico, até que este fez um novo eletrocardiograma e – vejam só! – embora o resultado acusasse completa normalidade, os achaques continuavam a produzir-se. O que fez então o médico? Declarou à paciente que tudo não passava de sensação de ordem nervosa, mero produto da imaginação, de algo que ela introjetara e de que deveria libertar-se. Com isso, todavia, não se deu ela por achada. Sentindo-se doente, apesar de tudo, acreditava que o médico levasse pouco a sério a sua doença, subestimando o mal que a afligia: "O que eu sinto", pensava ela, "eu realmente sinto e o meu estado não pode ser normal". A afirmação tranquilizadora do médico no sentido de que nada de preocupante havia quanto à sua saúde, pelo menos sob o aspecto orgânico, somente serviu para nela provocar uma atitude de protesto, que por sua vez veio exacerbar ainda mais as sequelas de um infundado temor.

Pessoas como aquela senhora naturalmente ignoram que "puro" nervosismo existe, porquanto o nervosismo é uma doença. Mas, abstraindo-se disso, convém ter-se em conta que as respectivas sensações falsas surgem, conforme foi dito, de forma predominante, a partir da exagerada concentração mental sobre o órgão, digamos, o coração. Deveriam tais pacientes considerar que mesmo uma pessoa sã, ao concentrar, por alguns minutos, a atenção sobre a mão, constatará nela sensações estranhas (como formigamento, pulsações etc.), sensações desagradáveis, que por certo nada de maior significam. Aliás, tais doentes deveriam compreender que são preferíveis quaisquer sensações desagradáveis, com a certeza médica de nada de preocupante haver quanto à integridade orgânica, a que, ao contrário, não sintam nada de anômalo, mas alguma doença latente, perigosa e traiçoeira se tenha instalado. Em qualquer hipótese, aconselharia a uma pessoa com tendência ao desenvolvimento de temores hipocondríacos a consultar o médico. Menor mal haverá em recorrer à ajuda médica com demasiada frequência do que, raro ou nunca o fazendo, venha a ser tarde demais.

Guardo na memória o exemplo significativo e alarmante de um caso de minha experiência clínica. Uma paciente, tipicamente hipocondríaca, diante de minha insistente assertiva de que nenhuma moléstia nela se constatara (salvo ansiedade e medo de doença) replicou-me: "Não é verdade, doutor. Casualmente eu sei com toda a certeza quanto estou doente. Eu o tenho preto no branco, pois o li na interpretação do exame radiológico. Estou com 'corpulmo' (afecção cardiopulmonar)". Tomei a liberdade de perguntar se talvez as duas letras "o.B." constavam da interpretação da radiografia, e ela o confirmou. Pude então explicar-lhe que "corpulmo" significa "coração-pulmão" e que "o.B." (em alemão) é igual a resultado negativo. Se ela me tivesse perguntado logo no início, teria imediatamente obtido resposta tranquilizadora.

Entretanto, não haverá qualquer agravo e não será considerado ofensivo se nos limitarmos a rotular tais pessoas, ainda que sofram apenas de medo da doença, como hipocondríacas. Motivo de irritação, isso sim, será qualificá-las de histéricas. O diagnóstico, ou melhor, a caracterização de alguém como histérico sempre será de certo modo considerado ofensivo à sua reputação. A histeria passou a ser mais uma estigmatização moral do que uma qualificação psicológica. O que entende a moderna psiquiatria? Há uma distinção a fazer entre mecanismos e reações histéricas, de um lado, e o caráter histérico, de outro lado. Histeria propriamente como doença, no sentido da doutrina clássica de Charcot, a assim chamada histeria "grande", com seus ataques e paralisações, dificilmente será submetida hoje em dia aos cuidados do psiquiatra. É que se verificou uma mudança de sintoma. No entanto, em relação ao caráter histérico, podem ser relacionadas as três seguintes características essenciais: 1) a artificialidade dessas pessoas; 2) o seu egoísmo doentio; 3) o seu feitio interesseiro. Essas pessoas são artificiais e tidas como excêntricas, porquanto em tudo procedem com exagero. Em última análise, isso é devido ao desejo de compensar o que se lhes opõe. Sofrem profundamente de pobreza de vivência, que nelas gera a *fome* de experiências. Possivelmente, a particular disponibilidade à sugestão e, pois, a suscetibilidade de tais pessoas e, ainda, sua inclinação para a conversão – em suma, a sua capacidade de dar expressão somática a conteúdos psíquicos por meio de doenças físicas –, possivelmente possam representar compensações da pobreza interior característica do histérico. A isso se soma uma segunda característica típica, que é a frigidez interior, o frio calculismo, o fato de tudo ser considerado pelo histérico meio para um fim, a serviço do seu egoísmo. Dessa sorte atua invariavelmente de forma teatral, preocupada com a repercussão de seu procedimento. Tudo na pessoa histérica se processa, em última instância, à guisa de encenação.

Curar uma pessoa nessas condições implica transformá-la em outra, reeducá-la, refazê-la sob o aspecto comportamental. Aqui se apresenta a questão da viabilidade e do *modus faciendi* da ajuda a tais doentes. A resposta seria deveras complexa e por demais intrincada para uma explicação a não especialistas. Em todo o caso, o que pode ser dito, de forma resumida, é que o histérico faz teatro. Nesse teatro ele encena. Se lhe fornecermos os espectadores, estaremos apenas reforçando a sua histeria. E estaremos encenando com ele – e em função de sua doença. Se quisermos ajudá-lo até onde isso for possível, cumpre que, antes de tudo, providenciemos para que lhe falte o público. Deveremos privá-lo da plateia. Como fazê-lo? Eis uma questão concreta a ser resolvida caso a caso. A resposta somente poderá ser dada frente a cada situação concreta. Por esse fato, tal situação já deixa de ser uma questão para o não médico, porquanto não pode este saber se uma dada situação configura, ou não, uma histeria. Tenho-me deparado com dúzias de casos em que não médicos haviam diagnosticado histeria e, na verdade, simplesmente se tratava de doenças orgânicas, por vezes graves (a legislação austríaca sobre psicoterapia veda ao não médico o exercício da psicoterapia). Se, no entanto, ocorresse tratar-se efetivamente de histeria, de um teatro histérico, portanto, permitir-me-ia narrar-lhes, a respeito do antes aludido princípio terapêutico, uma história verídica, ilustrativa de como se podem remover efeitos de histeria.

Certa vez, uma multidão de pessoas dispostas em fila na frente de uma repartição aguardava para ser atendida. Uma senhora de meia-idade, saindo da multidão, dirigiu-se diretamente ao funcionário encarregado da ordem, declarando: "Senhor guarda, deixe-me entrar logo, porque sofro do coração; se eu ficar aqui de pé por muito tempo, verá que vou desmaiar". O funcionário, diagnosticando intuitivamente, de um lado, a saúde física e, de outro lado, o caráter histérico da solicitante, tranquilamente replicou: "O que quer dizer essa palavra verá? Pois desmaie, se quiser!" Numa palavra, quem se dispuser a representar no teatro histérico que assuma esse papel, essa representação. O paciente terá de suportar as consequências de seu comportamento.

A habilidade terapêutica começa precisamente aí, se e enquanto alguém é capaz de fazer parar o mecanismo histérico, sem causar mágoa ao paciente. Conforme já foi dito, também a histeria é uma doença.

SOBRE O AMOR

Se fôssemos considerar verídico o que se diz em certas cantigas da moda, deveríamos admitir que nada existe para nós mais importante no mundo do que o amor, sendo mesmo a única coisa importante, a ponto de ser digna de se viver por ela. Afinal, não é exatamente algo semelhante àquilo que a psicanálise busca traduzir em linguagem cientificamente formulada? O renomado psiquiatra suíço Ludwig Binswanger opôs à filosofia de Martin Heidegger uma construção doutrinária própria. Segundo ele, em lugar daquilo que para Heidegger propriamente e em última análise distingue a existência humana (*menschliches Dasein*), ou seja, o estar-preocupado-com, é colocado o amor, que substitui a preocupação e ocupa o centro da vida. Ou, conforme o próprio Binswanger declara, é o amoroso conviver de pessoas, que ele chama o sermos-nós. Não percamos de vista, contudo, que lidamos aqui com um termo a que se tem atribuído os sentidos mais desencontrados. Com efeito, ora se pretende por ele expressar o simples namoro superficial, como nas canções da moda, ora, como na psicanálise, por ele se quer designar o impulso sexual, manifestação informe de instintos, comandados pela parte fisiológica e biológica do ser humano. Finalmente, fala-se em amor naquele sentido estritamente ontológico e antropológico que corresponde a assim chamada análise existencial de Binswanger. E, dependendo do sentido que se queira conferir às referências feitas anteriormente, é certo ou errado falar-se no amor como centro ou ponto alto da existência humana.

Ante a pergunta sobre o que é o amor, talvez seja preferível partirmos da pergunta sobre o que o amor não é. Se quisermos dar atenção às canções da moda, o que não seria o amor? Qualquer pessoa imparcial, diante da declaração de amor de um homem e uma mulher por ele recém-conhecida e dotada dos predicados de sua preferência, como cabelos louros e olhos azuis, recusar-se-ia a admitir tratar-se, no caso, de pessoa que ele ama. Não seria, por certo, incorrer em equívoco admitir que aí se trata de mero fenômeno instintual. Assim, na fascinação de alguém por uma estrela ou astro de cinema, dificilmente se veria amor em sentido estrito, conquanto aí não haja, como no caso precedente, características determinadas pelo impulso instintual, mas muito mais peculiaridades como um sorriso e uma voz. Tudo isso nada tem a ver com o amor. Talvez quando muito se poderia, no caso figurado, falar-se em paixão.

Todavia, bem outra é a situação em se tratando não de alguma qualidade ou característica que uma pessoa possua, mas muito antes daquilo que ela nem sequer possui, mas do que ela é. Refiro-me ao que concerne ao próprio portador da qualidade ou da característica, àquela pessoa em sua singularidade e em sua unicidade, que se encontra por detrás de todas as qualidades e características. Descobri-la para um encontro com ela significa amar.

Amar não é, portanto, estabelecer relações de natureza erótico-instintual com parceiro essencialmente anônimo e basicamente substituível por alguém dotado de idênticas qualidades. Nem é mera satisfação de impulsos de alguém interessado não por uma pessoa, mas por um tipo. Dessa realidade deflui que o amor é, por assim dizer, intransmissível. Para prová-lo bastaria perguntar a um homem se, no caso da morte da mulher por ele amada, seria capaz de amar, em substituição àquela, uma sósia, digamos, irmã gêmea da pessoa amada. O parceiro de uma relação meramente impulsiva (e também o parceiro de uma relação puramente social) é mais ou menos anônimo. Nos parceiros de uma relação de amor autêntico encontram-se integralmente as pessoas, em relação dialógica, na qual o tu exerce papel predominante. Isto considerado, é lícito proclamar: *Amar significa poder dizer tu a alguém*. E não significa apenas poder dizer tu a uma pessoa, mas ainda dizer sim a ela: portanto, não somente ocupar-se dela em sua essência, em sua singularidade e unicidade, a que antes aludimos, mas ainda reconhecê-la em seu valor intrínseco. Ver um ser humano não apenas em seu ser-assim-e-não-de-outro-modo, mas, acima de tudo, ver o seu poder-ser e o seu *dever*-ser. Vale isso afirmar não vê-lo só como efetivamente é, mas ainda como possa vir a ser e deva ser. Em outras palavras, para usarmos a bela frase de Dostoiévski: "Amar significa ver a outra pessoa assim como Deus a pensou".

Não há de aceitar-se, pois, a mentira de que o verdadeiro amor é cego, ou torna cego. Isso vale, quando muito, relativamente à paixão. O verdadeiro amor, pelo contrário, faz com que o ser humano veja com mais nitidez e em profundidade. Ele o torna clarividente e o faz profético. Ver, portanto, as potencialidades valorativas do ser amado implica ver também o que haja ultrapassado os limites da mera possibilidade. É ver, ademais e acima de tudo sobre o que se comentou, algo que ainda não se transformou em realidade, mas está por realizar-se.

Tudo isso considerado, poder-se-ia ter a impressão de que o amor, incluindo o amor entre um homem e uma mulher, muito pouco tenha a ver com impulsos instintuais. De modo algum é procedente tal suposição. O amor precisa da realidade instintual. Também o impulso instintual necessita do amor. Até que ponto necessita o amor de sexualidade? Necessita dela na medida em que o impulso sexual é meio de expressão do amor. A esse propósito se pode adequadamente dizer que a vida sexual somente começa a ser humana, *digna* do sujeito, quando já for mais do que mera vida de sexo, tendo culminado em vida de amor. O errôneo conceito de que a vida de amor, ou seja, a vida conjugal, não passe de mero instrumento de propagação da espécie levaria a supor-se que a vida matrimonial sem filhos seria carente de sentido. Tal reducionismo de perspectivas de valor, tamanha ofuscação frente a possibilidades outras que dão sentido à existência humana, em suma, tal obscurecimento ou carência de capacidade de enxergar levaria direto ao desespero. Com efeito, todo desespero tem por base a ofuscação, ou seja, a supervalorização de um valor que simplesmente nos ofusca, a ponto de nos "cegar" para todos os demais valores.

Como seria pobre a vida se não oferecesse ainda outras possibilidades que a configurassem segundo um sentido, para a sua plenificação. Considere-se ademais que vida seria essa, cujo sentido se mantivesse de pé ou estivesse arrasado, a depender do casamento ou do fato de ter filhos! Com tal concepção a vida fica desvalorizada e especialmente reduzida à dignidade da mulher.

Em que medida a vida instintiva do ser humano precisa do amor? Na medida em que o desenvolvimento instintivo normal da pessoa jovem tem por condição e pressuposto a sua capacidade de amar. Assim sendo, a capacidade para o amor é energia impulsionadora para o processo de amadurecimento dos instintos. É ela que confere aos instintos o sentido correto, direcionando-os não apenas a um objetivo instintual, mas a um objeto instintual, se posso-me valer da antítese conceitual de Freud, isto é, em direção à pessoa do respectivo parceiro. Somente assim e nessa situação e circunstâncias o instinto pode ser ordenado e subordinado à própria pessoa. Unicamente assim haverá também segurança na escolha definitiva e exclusiva do parceiro.

O amadurecimento da vida instintual consiste, portanto, na crescente integração da capacidade instintual pela pessoa. Somente um eu que entende um tu é capaz de integrar um id (*es*)!

Falamos num processo de integração e, portanto, da unificação e da plenificação do instintual por intermédio da pessoa, um processo de personalização, de impregnação a partir do centro da pessoa. Nesse processo integrativo, dois fatores a põem em risco de fracassar: em primeiro lugar, o desânimo; em segundo lugar, a desilusão. Pelo desânimo fracassa a pessoa quando não consegue aceitar a viabilidade da constituição de um relacionamento amoroso feliz; pela desilusão, se a pessoa jovem tiver as melhores condições para edificar um feliz relacionamento de amor, porém é rejeitada pelo parceiro, fica prejudicada em seu desenvolvimento. Tais pessoas se lançam, não raro, ao entorpecimento, mergulhando na embriaguez dos prazeres sensíveis, da mera satisfação dos instintos. Em casos como esses não se reprimem os instintos, mas é o amor que é afugentado pelos instintos. Na realidade, não se busca necessariamente, no caso figurado, uma compensação, um equilíbrio, e sim uma supercompensação, uma competitividade hipertrofiada. Importa então que a quantidade ocupe o lugar da qualidade, concretamente falando. Em troca da procurada, almejada felicidade no amor objetivar-se-á uma satisfação dos instintos. E quanto menos a pessoa acredita na possibilidade de realizar os seus anseios de amor, tanto mais forte se manifestará nela o desejo de lograr o máximo de satisfação dos sentidos. O tragicômico de tudo isso – posso chamá-lo o jogo do sátiro? – é o fato de o respectivo protagonista se portar como se fosse um herói, quando, na realidade, é um fraco, um incapaz de construir para si mesmo o verdadeiro amor.

De outra parte, poderá acontecer que não seja uma desilusão no amor o motivo da entrega de alguém aos prazeres. É possível que tenha havido uma desilusão relativamente à luta em torno do sentido da existência. A compensação através do anestésico sexual ocorre, em tais circunstâncias, com pessoas fracassadas em sua vontade de sentido, conforme a designamos. Na medida em que a exigência de um sentido da vida se esboça no vazio, a satisfação dos instintos é com tanto maior frequência e sofreguidão transformada em meio para um fim, ou seja, para o fim do prazer. Mais do que isso, o próprio prazer, por sua vez, terá se tornado mero meio para um fim, e esse fim é o entorpecimento.

Procurarei resumir: o ser humano é originalmente animado pela vontade para o sentido, para não dizer espiritualmente direcionado pela aspiração da plenitude possível de sentido em sua existência. Com igual intensidade luta por um conteúdo de vida significativo, empenhando-se na conquista do sentido. E acreditamos que, somente onde tal vontade de sentido ficou irrealizada, o ser humano tenta anestesiar essa incompletude interior e inebriar-se de satisfação instintual. Em outras palavras, a vontade de prazer se manifesta tão logo o sujeito se esvazia da vontade de sentido. É então que o ser humano começa a submeter-se ao princípio do prazer no sentido da psicanálise. A libido sexual viceja somente no terreno do vazio existencial.

SOBRE A NEUROSE DE ANGÚSTIA E A NEUROSE OBSESSIVO-COMPULSIVA

Pelo que vimos antes, de maneira alguma o surgimento das neuroses deve ser atribuído ao fato de ter o paciente, alguma vez, na primeira infância, experimentado um choque ou sofrido um trauma. Conforme então se observou, é questionável a maneira pela qual o ser humano se *ajusta* às experiências passadas. No entanto, é desse ajustamento que dependerá se, do assim chamado trauma, da ferida psíquica, ficou alguma cicatriz psíquica, da qual tenha resultado dano permanente.

Vamos inicialmente fazer breve comentário sobre os fatores somáticos mais comuns que subjazem às doenças neuróticas. Partiremos da neurose de angústia, para deter-nos, em particular, na agorafobia. Pode-se dizer que sempre de novo se constata que pessoas afetadas pela angústia apresentam nitidamente sintomas de hiperfunção da glândula tireoide. De igual modo poder-se-ia dizer que sofrem de hiperexcitabilidade de um dos nervos vegetativos, do simpático, se é lícito distinguir entre a função desse nervo vital e, em contrapartida, a do nervo vago. De qualquer maneira é válido afirmar que se pode constatar hiperexcitabilidade nervosa, assim caracterizada. A questão a resolver é apenas até que ponto aqui nos deparamos com uma situação de causa ou de efeito, até que ponto tal relação é invertida e até que ponto trata-se de uma ação recíproca. Entretanto, assim como uma excitação do simpático traz consigo certa disposição para a angústia e uma espécie de miragem psíquica como superestrutura psíquica, da mesma sorte a ansiedade, em sentido oposto, acarretará uma situação de excitação do simpático. Vamos nos deter no seguinte: uma irritabilidade congênita, ou senão uma irritabilidade ocasional do nervo simpático, ou seja, a situação de irritação deste expressar-se-á, na esfera do psiquismo, na forma de ansiedade.

Estaríamos então em presença de um caso de neurose de angústia, no sentido de uma neurose manifesta, de uma doença afetiva? Não. À mera disponibilidade para a angústia deverá adicionar-se algo novo, um mecanismo psíquico bem conhecido por nós neurologistas. Somente então terá soado a hora do nascimento da neurose propriamente dita. Mas em que consiste tal mecanismo? É a ansiedade antecipatória por mim repetidas vezes comentada e sublinhada. Vejamos um exemplo de como tal ansiedade se desenvolve. Suponhamos que alguém é instável e propenso à transpiração. Um dia encontra-se com o seu superior hierárquico ou qualquer outra pessoa altamente situada no plano social. O que acontecerá? De pura angústia e de pura excitação começará a suar e notará que também a mão, que ele é obrigado a estender, fica coberta de suor. Se isso lhe causar estranheza, poderá ocorrer que dele se apodere o temor de que, numa próxima vez, venha a suceder-lhe o mesmo e ele sofra idêntico constrangimento. O que estará, na verdade, acontecendo? O mero temor de transpirar já lhe faz sair dos poros o suor, suor de angústia. Dessa sorte começará a transpirar ainda mais. Em síntese, o exposto nos mostra como um sintoma, no caso concreto a transpiração, gera um temor correspondente e como esse temor, essa ansiedade antecipatória, ou seja, a angustiante expectativa do sintoma se manifesta reforçado e como, finalmente, o sintoma assim reforçado faz recrudescer o temor do paciente. Com isso se fecha o círculo vicioso. O paciente se aprisiona nesse círculo diabólico, nele se envolvendo como num casulo. Conhecemos o provérbio segundo o qual o desejo é o pai do pensamento. Com mais razão podemos afirmar que, *se o desejo é proverbialmente o pai do pensamento*, a ansiedade é a *mãe do evento*, e, conforme vimos, também do evento doença.

Mas voltemos à neurose de angústia. Sucede que com a ansiedade antecipatória, em especial, no caso da neurose de angústia, precisamente aquilo que mais atemoriza a respectiva pessoa, aquilo que ela espera angustiada é a própria angústia. Numa palavra, o neurótico de angústia tem medo do próprio medo. Acontece, na espécie, o que F.D. Roosevelt disse num dos seus famosos *Chatteries at the Fireplace*: "Nada temos tanto a temer como o próprio temor".

Convém levarmos mais longe e aprofundarmos mais essa questão. Nada melhor do que interrogarmos ao próprio paciente sobre qual seria a razão próxima pelo qual teme o seu temor. E se comprovará que ele se angustia na medida em que teme todas as possíveis consequências da excitação de angústia. Teme que sofra um colapso em lugar público ou que lhe sobrevenha em plena rua um ataque cardíaco ou cerebral. E aqui entrará de pronto a psicoterapia – vamos abstrair da somatoterapia simultânea –, esclarecendo-lhe quão infundados são quase sempre todos esses temores. Ademais disso, nos moldes da psicoterapia há de insistir-se com o paciente no sentido de que, de nenhum modo, fuja da sua angústia (enquanto, paradoxalmente, se deixa ficar em casa). Que ele muito antes, face ao temor, experimente desejar precisamente aquilo que tanto o atemoriza, nem que seja por frações de segundos. Tão logo o lugar do medo seja ocupado pelo desejo, ter-se-á tirado o vento das velas de toda a angústia. O medo tolo então cederá ao motivo inteligente.

Vamos ilustrar o exposto com fatos concretos. Um dia procurou-me um colega, não de minha especialidade, mas cirurgião, que sofria indizivelmente porque começava a tremer durante a operação quando entrava na sala de cirurgia o seu chefe, diretor da clínica em que trabalhava. Com o tempo chegava a tremer toda vez que alguém lhe pedia fogo, de puro temor de que fosse notada a sua situação e alguém pensasse: "Deus meu, não quero ser operado jamais por quem se põe a tremer com o simples gesto de passar fogo". Somente uma vez não tremeu numa ocasião dessas. Embarcara num trem que sacolejava e trepidava e quando teve de passar fogo a um companheiro de viagem, conhecido seu, numa situação em que teria tido toda a razão para tremer, o tremor não se manifestou. Por quê? Pelo simples fato de agora, e somente agora, nada ter a temer do tremor. Ficou assim comprovado em definitivo – e sobre esse fato teve de chamar-se insistentemente a atenção do doente (do médico doente) – que a causa da tremedeira era única e exclusivamente o medo.

Refiro o fato ocorrido com o paciente médico porque gostaria de falar sobre os resultados do tratamento, não apenas da sua libertação do medo do tremor e, consequentemente, do próprio tremor. Também uma paciente ficou livre da mesma neurose. Aconteceu da seguinte forma: falava eu, numa de minhas preleções a estudantes de medicina, do caso antes comentado. Duas semanas após, recebi carta na qual uma estudante, ouvinte daquela preleção, punha-me a par do que em seguida vou referir. Ela sofrera, pelo semestre afora, por não conseguir evitar que tremesse durante as dissecações, quando o professor de anatomia ingressava na sala para ver o desempenho dos alunos. Depois que ela soubera como fora indicado, a meu paciente cirurgião, o caminho para libertar-se do medo de tremer, ela procurou empregar o método de tratamento em si mesma, proferindo por acaso as mesmas palavras do cirurgião: "Aí vem o professor entrando. Vou tremer na frente dele; vou mostrar a ele como sei tremer". Ora, no mesmo instante, o tremor desapareceu. Em lugar do medo impusera-se o desejo, o desejo salvador. Evidentemente, tal desejo não é para ser levado a sério nem é algo decisivo. O que importa, no caso, é que de relance ele se manifeste. O paciente interiormente ri de si próprio e se verá vencedor da situação. É que esse rir-se, esse humor, produz espaço, permitindo ao paciente distanciar-se de sua neurose, dos seus sintomas neuróticos. E nada como o humor consegue tornar uma pessoa em tal medida capaz de criar distância entre o que quer que seja e ela própria. Através dele o paciente aprende, de forma rápida, a ironizar os seus sintomas neuróticos e também a superá-los.

Obviamente o que vimos diz respeito a nada mais do que um fator e, como é claro, não à totalidade, nem ao que é próprio da psicoterapia das neuroses. De qualquer modo, trata-se de fator importante e de certa maneira decisivo. E uma terapia executada dessa forma será por certo eficaz também em se tratando de neurose obsessivo-compulsiva. Naturalmente as situações em tais neuroses se configuram de outro modo. O neurótico obsessivo-compulsivo inclina-se, por natureza, ao devaneio, à dúvida e ao escrúpulo. Ou então desenvolve a obsessão de contar janelas, ou pensar em blasfêmias, ou se põe obsessivamente a verificar sempre de novo se a torneira do gás está desligada, ou não para de lavar as mãos. Por qualquer motivo começa um dia a ter medo de pensamentos não raro ridículos e de representações obsessivas, que de tempos em tempos lhe ocorrem. Bastará que surja a ideia de tratar-se aí de um prenúncio ou indício de doença mental, de uma autêntica psicose para, preocupado, encetar a luta contra tais ideias, investir contra elas, afrontá-las. Assim como o neurótico angustiado propriamente sofre de temor do temor, sofre o neurótico obsessivo-compulsivo de temor da obsessão. A partir dessa ideia obsessiva e desse temor da obsessão dá combate à mesma. Enquanto o neurótico angustiado, conforme vimos, foge do seu temor, o neurótico obsessivo-compulsivo, como se mostrou também, investe contra a obsessão. Todavia, isso é igualmente errado, porquanto assim como o temor reforça o "temor do temor", é reforçada também a pressão das ideias obsessivo-compulsivas que pesa sobre o doente. E isso ocorre precisamente em virtude da contrapressão que a pessoa exerce na forma de uma investida contra as representações obsessivo-compulsivas.

Também em tais casos a terapia terá de começar pela raiz, que se encontra no fato de todos esses neuróticos obsessivo-compulsivos terem caído vítimas de um equívoco. Ignoram eles, pelo menos enquanto sobre isso não forem alertados, que temem algo sem fundamento na realidade, mas apenas determinado por sua predisposição neurótico-compulsiva. Precisamente essas pessoas não *podem* contrair doença mental, posto que é um fato conhecido por todos os psiquiatras que pessoas propensas às representações obsessivo-compulsivas ou que sofrem com tais representações são imunes contra perturbações mentais efetivas, não os afetando, assim, as psicoses.

NARCOANÁLISE E PSICOCIRURGIA

A narcoanálise é amplamente conhecida sob o nome enganador de soro da verdade. Importa questionar-se, desde logo, se tal nome é o mais correto e se, em primeiro lugar, efetivamente se trata de um soro e, em segundo lugar, "da verdade". Ambas as perguntas deverão de saída ser respondidas negativamente. Quanto à indagação referente ao soro, fique claro que as respectivas drogas que via de regra são injetadas nada têm a ver com soro. São antes preparados já em uso há muito tempo como soníferos, mas sobretudo como narcóticos. Quanto ao segundo elemento da expressão, convém esclarecer que pela narcoanálise nem sempre se obtém a verdade completa e, além disso, nem sempre a verdade pura.

O modo como na prática a narcoanálise é processada supõe-se hoje ser do conhecimento geral, graças às numerosas publicações (demasiado numerosas) sobre o assunto. O médico injeta lentamente o respectivo medicamento numa veia do braço e em dose tal que o paciente não chegue a dormir por completo, mas possa manter contato verbal com o médico. Este então espera que o paciente, nesse estado, venha a tornar-se desinibido de sorte tal que fale em coisas sobre as quais antes do procedimento mantinha silêncio, se é que delas possuía efetivamente plena consciência.

A narcoanálise desenvolveu-se historicamente a partir da assim chamada hipnose sonífera. Não raro enfrentavam-se casos em que a hipnose utilizada para fins terapêuticos apresentava dificuldades de aplicação. Daí partiu-se para o uso de narcóticos euforizantes com o fito de facilitar o sono hipnótico. Na Segunda

Guerra Mundial, os psiquiatras voltaram as tentativas de recurso a tal expediente. É que se defrontavam com neuroses para cujo tratamento psicanalítico não havia tempo, nem dispunham de suficiente pessoal treinado para isso. Tal situação impunha-lhes socorrer-se de semelhantes procedimentos psicoterápicos abreviados. Com efeito, os psiquiatras militares se preocupavam menos com a descoberta de qualquer material psíquico reprimido, mas, em primeira linha, com as assim chamadas ab-reações. Trata-se de um procedimento pelo qual o paciente é levado a experimentar, por meio da narcoanálise, durante o estado crepuscular artificialmente produzido pelo respectivo medicamento, aquela situação que permitiu-lhe sobrevier doença psíquica aguda. Tal poderia ser, por exemplo, um conflito de consciência ou uma situação de angústia, cuja existência ele originalmente não quisera reconhecer. E essa reiteração de experiências vem acompanhada por aquelas manifestações emocionais violentas (gritos, tremores, transpiração etc.), impedidas de evidenciar-se na experiência originária e primeira da situação determinante da doença, por exemplo, por vergonha ou em virtude do sentimento de honra militar.

Vamos abstrair da ab-reação e nos voltar à descoberta de realidades inconscientes, reprimidas ou simplesmente mantidas em segredo. Releva salientar mais uma vez que, na tentativa dessa descoberta, não obteremos toda a verdade nem a verdade pura. Por que não toda a verdade? Porque o paciente, ou de um modo mais geral, o sujeito sob exame, conforme pôde ser comprovado experimentalmente, também na situação de narcoanalisado, conserva até o fim a sua capacidade de silenciar, pelo menos em parte, a verdade. E por que não a verdade pura? Porque a pessoa submetida à narcoanálise, conforme pôde ser averiguado, se torna sobremodo sugestionável, a saber, em algumas circunstâncias já é induzida, pela maneira com que é formulada a pergunta, a dar uma resposta condicionada. Assim sendo, o agente do exame, sem o saber, obterá como resposta apenas um eco daquilo que ele, por assim dizer, introjetara interrogativamente no sujeito interrogado. Confissão feita sob efeito de irresistível coação é destituída de valor e credibilidade. Se, no entanto, uma confissão efetivamente chegasse a efetuar-se, não será lícito admitir que se trate de uma confissão indiscutivelmente veraz. Isso pode ser dito sobre a questão de fato. Da questão de direito, na condição de médico, não devo e não quero manifestar-me. E tanto menos o devo fazer quanto afinal já é assente que o emprego da narcoanálise pela polícia ou em juízo, de direito – direito humano –, é inadmissível. Também os resultados da narcoanálise procedida de fato não seriam admitidos como peças processuais idôneas, pelos motivos antes lembrados.

E agora uma palavra sobre a psicocirurgia. Ela constitui uma contrapartida da narcoanálise. Quanto a esta, trata-se da aplicação de injeções e, quanto àquela, envolve um procedimento cirúrgico. Assim como a narcoanálise – no sentido de um procedimento abreviado – é destinada sobretudo ao tratamento de neuroses, a psicocirurgia de forma predominante pretende atuar sobre psicoses. Não é endereçada, portanto, às perturbações nervosas, mas precipuamente às doenças mentais. Entretanto, a expressão "soro da verdade" é tão destituída de sentido quanto a palavra psicocirurgia. Como se o bisturi do cirurgião pudesse, alguma vez, alcançar a psique! Também na cirurgia cerebral o escalpelo não atinge o espírito do ser humano. Como explicar, então, que a assim chamada psicocirurgia levantasse tanta poeira? A razão se encontra no fato de haver tocado num ponto vulnerável e, ouso afirmá-lo, num complexo da psique coletiva de hoje. A narcoanálise já era, sob o ponto de vista da psicologia das massas, um espectro. Perguntava-se com toda a seriedade o que seria feito de nós no dia em que se pudesse extrair qualquer confissão de qualquer pessoa. E, relativamente à psicocirurgia, surgiu então a pergunta aonde se chegaria se, na verdade, segundo informavam os psicocirurgiões, seria viável modificar o caráter do ser humano por meio de cirurgia cerebral. Visivelmente, ambos os espectros de uma terrível possibilidade futura aparentemente convergem e desembocam na tendência geralmente temida de se transformar o ser humano, do sujeito que ele é, em mero objeto sem vontade própria, e fazer dele, pessoa livre que é, mera coisa de que se possa arbitrariamente dispor, da qual se possam extorquir confissões e à qual se possam fazer imposições.

Já vimos que a primeira hipótese *não* é factível. Tampouco a narcoanálise levará a tais consequências. Seria possível que ocorresse mudança de caráter em virtude de uma operação de cérebro? Em certo sentido, sim. E felizmente, porquanto por tal meio pode ser prestada ajuda em certos casos de doença, o que é particularmente importante nos casos mais graves. Para compreendê-lo melhor, convém partirmos novamente da história, da história da origem da psicocirurgia. Conhecemos bem essa história, porque é propriamente de Viena que procede a narcoanálise. Efetivamente, o método da hipnose sonífera foi desenvolvido pelo Professor Kauders e pelo Professor Schilder. Também os trabalhos experimentais preparatórios da psicocirurgia foram efetuados em Viena, no ano de 1932, por Pötzl e Hoff. No entanto, já muito antes se sabia que doenças, em especial as do lobo frontal do cérebro, relacionavam-se com certas alterações de caráter. Percebia-se que pacientes apresentavam, dependendo da região mais ou menos próxima à parte anterior do cérebro que a doença afetava, ora uma fraqueza de iniciativa ora desenvoltura brincalhona.

Fiquei realmente impressionado ao ver com meus próprios olhos uma manifestação de fraqueza de iniciativa seguida de desenvoltura brincalhona. O respectivo paciente tinha um tumor no lobo frontal do cérebro, localizado precisamente na região responsável pela fraqueza de iniciativa. Com a operação para extrair o tumor, não se pôde evitar que fosse atingida a parte responsabilizada pela desenvoltura brincalhona do paciente. Verificou-se que o nosso paciente, no início, quando ainda tinha o tumor, era extremamente lacônico no falar, mantendo-se apático e deitado na cama. Bem diferente, no entanto, foi o seu comportamento quando chegou a nós, de volta da clínica cirúrgica, após a operação. Tornara-se tipicamente o brincalhão desenvolto. Querem saber o que aconteceu? A enfermeira que atendia os doentes perguntou-lhe qual o tamanho (temporal, não físico) de duração da sua permanência na clínica cirúrgica, ao que ele de pronto replicou: "O tamanho não mudou com a operação. É o mesmo que eu tinha quando baixei na Policlínica Neurológica: um metro e setenta e dois (1,72m)".

Estávamos, pois, na presença de um efeito não intencional da operação de cérebro. Contudo, na psicocirurgia, as alterações substanciais constituem o próprio objetivo do procedimento. Por certo não se verifica aí o que o insigne Moniz imaginava. Moniz – o notável neurologista português que alguns anos atrás ganhou o Prêmio Nobel – acreditava que, mediante incisão no lobo frontal do cérebro, por ele conduzida através da massa branca, a assim denominada lobotomia (corte no lobo), ou leucotomia (corte na massa branca), poderia provocar uma interrupção daquelas fibras nervosas que supunha estarem vinculadas às associações doentias de ideias (p. ex., as manias). Tudo isso não procede e, como tantas vezes acontece na história da medicina, também aqui se configurava uma representação teórica falsa, para não dizer ingênua, a dar ensejo a um procedimento prático e, finalmente, à revelação ou descoberta que trouxe consigo importante progresso.

No que tange especificamente às alterações de caráter subsequentes à operação de Moniz, fundamentalmente se limitam elas às áreas da afetividade e da impulsividade. Assim sendo, o respectivo paciente, pelo menos após a operação dos dois segmentos, já não será capaz de sentir afetos (ou excitações) tão fortes como os que sofria antes da intervenção. Além disso, estará menos sujeito à pressão de seus impulsos. O paciente ficará, em sua essência, mais apático, mas não o esqueçamos: sempre que a operação é indicada e, portanto, se justifica a sua execução, precisamente então é que se alcança o objetivo colimado com a cirurgia, qual seja, o de tornar o paciente (em grau dosado) mais apático, com o escopo de ajudá-lo. Quando se decidir por tal procedimento cirúrgico? Somente ao se deparar com situação de elevada tensão, na qual o doente se vê atormentado por compulsão mórbida, seja por uma obsessão ou uma angústia patológica, não tendo obtido alívio por meio de nenhuma providência de tratamento. Nesse caso, conforme o Professor Stransky já alguns anos atrás observava, entrará em cogitação a leucotomia, como *ultima ratio*, derradeiro recurso, *depois que tudo foi tentado em vão*. O efeito é o do afastamento da angústia, da obsessão e da compulsão, bem como da dor, que por outros meios não pôde ser acalmada, distanciando-a do ego, como diriam os neurologistas. Que se deva, mediante tal procedimento, ajudar a uma pessoa sujeita a tormentos desumanos, de outro modo irremovíveis, é evidente. Há de ser levada em conta, obviamente, a superveniência de uma certa apatia mental. Trata-se aqui de um mal menor, a compensar um mal maior de que o paciente fica livre.

No entanto, antes de proceder-se a uma leucotomia, cumpre que se avalie bem o alcance da intervenção, de certo modo limitativa quanto à saúde completa do paciente, que ficará impedido de viver uma vida humanamente digna em toda a sua plenitude. A decisão deverá ser tomada a partir do que se entende por motivação preponderante: a doença, em virtude da qual aconselhamos a intervenção cirúrgica, ou a mudança mental resultante da operação. Sempre que a intervenção se justifique, as desvantagens e efeitos subsequentes haverão de ficar compensados pelas vantagens e efeitos desejáveis.

Afinal é consabido que nós – os médicos e também os pacientes –, em cada intervenção e até mesmo em cada medicamento ministrado, devemos levar em conta os efeitos subsequentes e colaterais e, de um modo geral, nada nos impede de assim proceder. Quanto à decisão sobre a oportunidade e a legitimidade do uso de um medicamento ou de se partir para uma intervenção cirúrgica, nós médicos nunca podemos nos omitir. Por certo, quanto a isso, a humanidade não possui melhores perspectivas no campo da medicina do que no da tecnologia em geral. *Na mesma medida em que nos é colocado nas mãos o poder, pesa-nos sobre os ombros a responsabilidade.*

MELANCOLIA

Nesta série de conferências tenho reiteradamente falado em neuroses. Poucas vezes fiz alusão àquelas doenças psíquicas que são confrontadas com as doenças neuróticas. Refiro-me às psicoses, portanto, àquelas que de regra se designam como doenças mentais. Das assim denominadas doenças mentais falaremos hoje e na próxima palestra. Hoje nos perguntaremos, inicialmente, como poderia, no sentido mais restrito da palavra, distinguir-se uma perturbação mental das doenças psíquicas neuróticas.

É comum ouvirmos dizer: "Você precisa controlar-se melhor". No entanto, razão tinha o grande neurologista Hans von Hattingberg quando, certa vez, advertiu que só existe neurose onde o simples autocontrole ou autodomínio já não mais esteja funcionando, ou sequer possa funcionar. É ali que a neurose tem o seu início como doença. Se fosse diferente, estaríamos em presença de mera questão de moral ou de caráter e não de algo de natureza clínica, relacionado à doença. Não há neurose enquanto ainda é viável chegar-se a uma pessoa com conselhos como este: "Você deve distrair-se, você deve desligar... ou mudar de ambiente". Ao tempo em que tal conselho produza efeito, ainda não estaremos tratando com um verdadeiro neurótico. E, não o esqueçamos: neurose é doença; o neurótico é uma pessoa doente e deverá ser tratado e não apenas admoestado.

Obviamente, por mais fortes razões vale isso para os doentes mentais, para as pessoas psicóticas. Contudo, não devemos olvidar desde o início que, à semelhança do que ocorre com as neuroses, nas quais o contingente principal é o das neuroses de angústia e o das neuroses obsessivo-compulsivas, as psicoses se distinguem por dois importantes – assim chamados – círculos formais. O primeiro é formado pela denominada demência juvenil, também chamada *dementia praecox* ou esquizofrenia. O segundo, pela demência maníaco-depressiva, sobre a qual pretendo estender-me hoje com mais detalhe. A demência maníaco-depressiva é uma psicose que no idioma alemão dificilmente se poderia chamar doença mental (*Geisteskrankheit*). Trata-se muito mais e acertadamente daquilo que o leigo designa como melancolia (*Gemütskrankheit*). Caracteriza-se como uma situação de dissonância, sobretudo de indisposição de tristeza, de desalento. Mas também pode manifestar-se, em contraste com a tristeza, pelo estado de doida alegria de viver, pela exagerada vontade de trabalhar e produzir e pela autovalorização patológica.

Vamos nos deter inicialmente na doença chamada mania. Perguntamo-nos de que maneira um portador de tal doença pode constituir, em determinadas circunstâncias, perigo para si mesmo ou para o meio em que vive. Releva notar que ele não age de forma consciente quando, à mercê da autovalorização antes comentada, atira por assim dizer o dinheiro pela janela ou se mete em aventuras comerciais cujo risco nunca teria assumido em situação normal. É claro que tal doente, no decurso da enfermidade, deverá ser protegido de si mesmo, por exemplo, através da curatela.

Falamos sobre a duração da doença em apreço. É esse um fator essencial a considerar. Ocorre que, tanto em relação à mania, à qual antes nos referimos, como no concernente à melancolia, cumpre esclarecer que se trata de quadros de doença que essencialmente ocorrem em fases. A mania, assim como a melancolia, vem e vai, com intercalação de pausas que possivelmente se prolongam através de anos e até décadas. Nesses intervalos poderá o respectivo paciente viver como que em perfeita normalidade, com disposição interior equilibrada, sem dar na vista por comportamento estranho. Em alguns pacientes os estados de depressão, ou seja, as fases melancólicas são, alternadamente, seguidos de excitação maníaca. E, ainda em outros casos, no decurso da vida toda, surge apenas um único período de depressão melancólica, de sorte que o desenvolvimento posterior da doença não possa ser prognosticado com segurança e por tempo mais ou menos dilatado. Assim, com certeza tanto maior se consegue prever e de antemão proclamar que a respectiva fase, digamos uma situação de melancolia, será extinta e sanada, e – quero salientar – fundamentalmente sem tratamento, por si mesma. Saber isso e fazer com que o paciente e seus familiares o saibam não é pouco significativo e se constitui num dos mais gratificantes momentos da prática psiquiátrica. Com efeito, é agradável dispor-se da possibilidade de revelar prognóstico assim favorável, mesmo diante de um quadro agudo.

Imaginem o que poderá significar para os respectivos familiares quando em sua presença, uma paciente que corre pelo quarto e em estado de excitação literalmente arranca os cabelos, acusando-se incessantemente dos mais incríveis delitos, e você, como neurologista, pode antecipar-lhes que apesar disso, com 100% de certeza, que essa paciente, acometida de agitação melancólica de angústia, ficará livre da doença, dela saindo 100% como a pessoa que antes tinha sido, ainda no gozo da saúde. Considerem apenas o que isso significa, uma vez que, nem mesmo em relação a uma angina, ou a uma laringite, pode ser feito prognóstico tão seguro, com tão elevado grau de certeza. É que uma grave inflamação de garganta poderia efetivamente acarretar um reumatismo articular ou uma lesão cardíaca.

Por certo nem o próprio paciente acreditará num prognóstico tão favorável. Nem *poderá* acreditar nele. Ocorre que nos sintomas de melancolia se manifesta o ceticismo e o pessimismo. O doente encontrará sempre "um cabelo na sopa" e falará mal de si mesmo! Lembro-me de uma paciente que, ao ficar livre do estado de

112

melancolia, disse-me com lamúrias que sua doença era incurável. Em cima da escrivaninha, bem à minha frente, havia nem mais nem menos que trinta e cinco anamneses dessa mesma paciente. Trinta e cinco vezes ela passara por fases de melancolia e, cada vez, decorridas poucas semanas, recuperava a saúde. No entanto, quando lhe recordei o fato, fez-se de surda. Argumentos, apelos à razão e ao juízo não surtem qualquer efeito em casos graves de verdadeira melancolia. Apresentar razões em contrário *não* traz o desejável resultado. Não move a sensibilidade dos doentes *de modo algum* pelo simples motivo de que todas as moléstias dessa ordem não se fundam em *nenhuma* razão, no sentido de motivações. A melancolia, ou aquilo que os neurologistas assim denominam, começa realmente ali. Efetivamente, ela surge da ausência de motivos. *Nenhum fator* externo ou interno existe que possa explicar a tristeza do doente melancólico. É que a melancolia e, enfim, a demência maníaco-depressiva – assim como, aliás, *toda* psicose no sentido estrito do termo – na prática não está condicionada psiquicamente, mas causada por fatores orgânicos. Evidentemente, a parte psíquica poderá desencadear uma fase melancólica isolada, mas uma razão desencadeante ainda não configura uma verdadeira causa.

Tal independência causal de eventos e experiências que caracteriza a referida doença psíquica é naturalmente uma realidade que deve ser mostrada ao doente. Um dos mais fortes indícios da verdadeira melancolia – que é a propensão à tristeza condicionada por fatores somáticos e não psíquicos – reside exatamente no fato de que o respectivo paciente tende a fazer contra si mesmo as mais violentas exprobrações por motivos os mais fúteis. Daí advém que tais pacientes – contrariamente ao que sucede com os neuróticos depressivos e especialmente com os histéricos – raramente procuram tirar vantagem ou valer-se da sua moléstia, tiranizando, digamos assim, o ambiente em que vivem, ou inventando expedientes para se subtraírem a obrigações. Ao contrário, o verdadeiro melancólico se acusa de ser um peso para os que o cercam, de nem ser digno de viver ou de ser tratado, já pelo motivo de não estar realmente enfermo. Dizer-se a um paciente desses que ele é pouco autocontrolado é o mesmo que ministrar veneno à sua mente. Ocorre que tal admoestação é água para o moinho de sua autocensura tipicamente patológica. Isso considerado, importa que o leigo – e leigo é todo não médico – se abstenha de toda e qualquer tentativa diletante de consolar tais doentes ou de simplesmente animá-los e encorajá-los. O efeito do tratamento procedido por tais terapeutas amadores poderia vir a ser catastrófico.

A terapia correta, também aqui, há de ter por base um diagnóstico certo. Vale dizer também o diagnóstico da melancolia, isto é, somente o especialista poderá diferenciá-la de uma neurose ou de uma situação neurótico-depressiva. Ele o poderá fazer também em casos atípicos, por exemplo, ali onde não é a tristeza que se encontra no primeiro plano do quadro clínico, mas, como não raro acontece, uma inibição geral ou excitação de angústia. Sobretudo, somente o especialista terá condições para constatar se, no caso concreto, há ou não há perigo de suicídio a temer. Se tal perigo se apresentar, pode ser indicado internar o doente em estabelecimento adequado, no período correspondente à sua doença, para que ali receba os cuidados intensivos necessários, para evitar-se que atente contra a sua vida em decorrência de sua aflição doentia. Em casos assim graves – felizmente ocorrem com frequência relativamente pequena –, cogitar-se-á também de um tratamento à base de irrigações elétricas do cérebro, do assim chamado método de eletrochoques. Por esse meio consegue-se desanuviar a disposição do paciente e atenuar a excitação, uma vez que não tenha sido possível chegar-se a tal resultado com recursos medicamentosos.

Contudo, não se pode esquecer de que, acima de todos esses métodos de tratamento físico e químico, o mais importante de tudo, a peça-chave da terapia, não só das doenças neuróticas mas também das psicóticas, é a psicoterapia, ou seja, a assistência psicológica. No entanto, o tratamento psicoterápico da melancolia deverá ser especificamente executado de modo diferente do usado em situações de depressão neurótica. Relativamente à melancolia é imperioso educar o paciente sob dois aspectos: o da confiança, isto é, educá-lo no sentido de que confie num prognóstico 100% favorável apresentado pelo médico, e o da paciência, isto é, da paciência consigo mesmo, justamente tendo em vista o prognóstico favorável de sua doença. E, por mais que relute em se considerar deveras doente, julgando-se, por sua autocensura patológica, apenas depravado ou, ao contrário, considerando-se de fato doente, porém incurável, acabará, ao cabo de tudo, agarrando-se às palavras do médico e à esperança que elas transmitem. Dessa sorte lhe será devolvida finalmente a capacidade de permitir que a melancolia passe por ele como uma nuvem, que pode obscurecer o sol mas não nos tira a certeza de que, apesar disso, o sol existe. De modo idêntico terá o melancólico de apegar-se à certeza de que sua doença é capaz de lhe obnubilar o senso de valor da existência, a ponto de já não ver no mundo e em si mesmo algo que possa tornar sua vida digna de ser vivida, mas que também essa sua cegueira de valores passará e em si mesmo perceberá um reflexo daquilo que Richard Dehmel certa vez traduziu na roupagem elegante desta frase: "Pois veja, com a dor sem esperança brinca a eterna bem-aventurança"[10].

---

10. No original alemão: "Siehe: mit dem Schmerz der Zeit – spielt die ewige Seligkeit" [N.T.].

ESQUIZOFRENIA

Na última conferência falei sobre uma das formas mais importantes da doença mental: a psicose maníaco-depressiva e, em especial, a melancolia. Hoje tratarei de uma segunda forma, que é a esquizofrenia. Qual é a origem da expressão esquizofrenia? Uma tradução literal nos daria "demência de divisão". A palavra deve sua origem à antiga psicologia associativa, sob a influência da qual o psiquiatra de Zurique, Eugen Bleuler, designava com o termo esquizofrenia um processo de tornar-se autônomo e, portanto, uma divisão dos complexos associativos. O entendimento de que essa doença mental implicava uma real divisão da personalidade ou que precisamente nisso residiria a sua essência em absoluto corresponde à verdade. Quero salientar esse reparo, porque tais equívocos são largamente difundidos. A esse respeito vem-me à memória a irmã de um paciente esquizofrênico, que não era médica, mas psicóloga, a qual ocasionalmente me solicitou orientação perguntando se a esquizofrenia de seu irmão poderia ser atribuída a uma lesão craniana: "Sabe, doutor, na escola de segundo grau certa vez um colega lhe desferiu, com uma prancheta, uma pancada na cabeça. Não seria de considerar que talvez lhe tenha com isso dividido a personalidade?" Naturalmente, algo assim é impossível.

A esquizofrenia muito pouco tem a ver também com o tema, tão ao gosto de filmes e romances, da dupla personalidade. Quero sublinhar isso por determinado motivo. Veja-se bem: faz parte da essência da puberdade, dos anos de amadurecimento, que um jovem, de certa forma inseguro de si mesmo, se observe intensivamente: "Duas almas habitam o meu peito", costuma ele então citar, "uma representando, como ator; a outra apreciando o espetáculo". Queixa-se incessantemente de ser o seu próprio espectador e nisso estar repartido, dividido, partilhado entre espectador e ator. Isso, porém, não é algo que ultrapasse os limites da normalidade e nada, absolutamente nada, tem a ver com a esquizofrenia. Esse pendor para a auto-observação denuncia, antes, um traço de caráter levemente neurótico obsessivo-compulsivo. E, quando pessoas assim temem que suas inclinações para o devaneio possam um dia degenerar e acabar em doença mental, o dever me impõe destruir tais ilusões, de modo a terminar com esses temores, porquanto a experiência invariavelmente tem mostrado que precisamente pessoas propensas à neurose obsessivo-compulsiva são imunes às verdadeiras perturbações mentais.

Vamos agora voltar a atenção para as formas do quadro sintomático da "esquizofrenia". O psiquiatra distingue principalmente três tipos de doença: a hebefrenia (demência precoce), a catatonia e a esquizofrenia paranoide. O tipo hebefrênico caracteriza-se pelo início precoce e desenvolvimento vagaroso.

Já a esquizofrenia paranoide constitui o subgrupo mais importante, pois vem acompanhada do surgimento de delírios. Normalmente se desenvolvem primeiro ideias de relacionamento e de observação imaginária e, finalmente, surge o delírio persecutório. Característico desse tipo é o assim chamado sistema de delírios: os respectivos pacientes não apenas relacionam os inócuos eventos do meio consigo mesmos – algo semelhante afinal ocorre com as perturbações neuróticas –, mas os esquizofrênicos paranoides se sentem perseguidos por inimigos, com o que sempre de novo relacionam entre si os supostos inimigos.

Não raro acompanham a esquizofrenia, particularmente a de forma paranoide, a par dos delírios, também percepções sensoriais ilusórias, as assim chamadas alucinações, sobretudo as alucinações auditivas. Os respectivos pacientes se queixam, sobretudo, de ouvir vozes que acompanham tudo o que fazem com observações maliciosas ou sarcásticas, ou lhes gritam ordens. Tais situações às vezes se configuram para o paciente tão dolorosas quanto, não raro, perigosas para o meio em que vivem. Também as alucinações orgânico-sensoriais desempenham um papel junto aos esquizofrênicos paranoides. Os doentes alegam serem submetidos a aparelhos que emitem determinadas ondas, ou a correntes estranhas e que, atrás disso tudo, se escondem os seus inimigos. Sim, e não raro lamentam que os seus pensamentos não sejam deles próprios, mas que são infundidos neles e que sua vontade se encontra sob influência estranha. Entende-se facilmente que tais pacientes procurem explicar as suas vivências posterior e independentemente, suspeitando de se encontrarem hipnotizados, sob "hipnose à distância" (o que nem existe). Em tempos mais remotos, os esquizofrênicos naturalmente explicavam suas experiências de outra forma; consideravam-se, por exemplo, possessos por maus espíritos.

Finalmente, pode desenvolver-se no esquizofrênico também uma certa megalomania. No entanto, o sujeito considerado doente mental pelo leigo raramente é encontrável. De um modo geral costuma entender como tal o de tipo esquizofrênico. Pelo menos nos anos em que eu – alguns decênios atrás – prestava serviço numa grande clínica, em que milhares e milhares de psicótipos passaram por minhas mãos, em todo esse tempo não me deparei, por exemplo, com nenhum doente que em sua loucura se proclamasse o imperador da China. Também é falsa a suposição de que um doente mental grave sofra de constantes ataques de fúria. Tais ataques ocorrem somente em determinadas situações de doença e também aí apenas em determinados períodos. São, portanto, transitórios. Todavia, a tranquilidade exterior não deve nos iludir quanto à gravidade da situação e eventual necessidade de um internamento e tratamento intensivo. O que os familiares de tais pessoas muitas vezes insistem em mostrar, por exemplo, é que o paciente não pode estar enfermo, uma vez que reconhece os seus familiares e se recorda com exatidão de tudo; porém, isso não contradiz, por si só, o diagnóstico do especialista. Não reconhecimento do meio e perturbação da capacidade de percepção se verificam somente em raros casos de esquizofrenia, nessa perturbação mental mais frequente e, sob o aspecto da medicina social, mais importante. E diga-se de passagem: o que os atores de teatro de variedades costumam apresentar como as características principais de um doente mental, a saber, as contrações esquisitas no rosto, não é sequer sinal de perturbação mental, não passando de um sintoma inócuo, que pode manifestar-se pelas razões as mais diversas em pessoas completamente normais, que nem no sentido tradicional da palavra possam ser rotuladas como "nervosas".

Resta tecermos algumas considerações em torno do terceiro subgrupo de doenças esquizofrênicas, a catatonia, também chamada demência de tensão. Caracteriza-se pela relativa rapidez e intensidade com que surge e igual rapidez com que desaparece, para reaparecer eventualmente depois de anos. À semelhança do estado de inibição ínsito à melancolia, a catatonia se caracteriza pelo assim chamado bloqueio. Pacientes acometidos por essa moléstia quase não se mexem, mal respondem às perguntas e permanecem deitados, sentados, ou de pé, rígidos e mudos. No entanto, tal bloqueio pode ser inopinadamente interrompido por um assim chamado arrebatamento, um repentino estado de excitação. Minhas senhoras e meus senhores, convém verificar-se, num caso concreto, se este configura um estado de arrebatamento, ou se é de um bloqueio esquizofrênico ou uma inibição melancólica de que se trata. Somente o especialista poderá dizê-lo. No entanto, o discernimento de cada situação é relevante, em especial, quando se há de decidir, por exemplo, se o paciente poderá receber tratamento no próprio lar ou apenas nele passar as férias, ou se, ao revés, tendo até então permanecido em casa, seria mais indicado confiá-lo a um estabelecimento recluso de tratamento.

Conquanto nós psiquiatras europeus de modo algum compartilhemos a opinião muito difundida em outros continentes segundo a qual a esquizofrenia é de natureza psicogênica – sendo pois de origem psíquica e, como tal, uma variedade da neurose –, consideramos a psicoterapia, assim mesmo, uma das mais importantes, quando não a mais importante de todas as providências terapêuticas decisivas. E por mais que se reconheça o fator constitutivo, o elemento hereditário, pelo menos como um fator, uma causa parcial – consoante um conselho de Rudolf Allers –, importa que se proceda como se não existisse disposição hereditária e como se, por isso, as possibilidades de influência psíquica fossem ilimitadas, só então tendo-se a certeza de que as possibilidades efetivamente existentes foram esgotadas.

Que a psicoterapia para os casos de psicose deve ser executada de modo essencialmente diverso daquela destinada aos casos de neurose é de imediato evidente. Ela deve voltar-se para a parte sadia, para aquilo que no doente se conservou sadio, a fim de, juntamente com ele, lutar contra a doença. A esse respeito, o psiquiatra vienense Heinrich Kogerer foi o primeiro que nos mostrou o caminho, indicando quão importante é a reeducação do paciente para a confiança. Em muitos casos se poderá, através da educação para a confiança, evitar que, mesmo em dada situação, uma esquizofrenia venha a irromper.

No entanto, a tarefa do médico não se exaure na prevenção e no tratamento. Além da cura da doença curável, incumbe-lhe a assistência ao doente incurável. E também lá, onde o médico já não pode ajudar, precisará aprender a ensinar uma coisa: à assim chamada situação esquizofrênica terminal, aos escombros aparentemente inúteis do desmoronamento de um ser humano, não se sonega o respeito. Ainda que esse idoso internado em estabelecimento de saúde seja um ser que tenha perdido todo o valor útil, depois como antes, conserva a sua fundamental dignidade humana.

A ANGÚSTIA DO SER HUMANO DIANTE DE SI MESMO

Reconhecidamente o nosso século tem sido considerado o século da angústia. Tendo isso em conta, será oportuno falarmos sobre a angústia do ser humano de hoje. A que diz respeito essa angústia é uma questão a ser enfrentada. Uma resposta, não em último lugar, tentou nos dar a filosofia existencialista contemporânea, esclarecendo que toda angústia, em derradeira instância, é a angústia diante do nada.

Também a psicoterapia, em maior ou menor medida, terá de haver-se com a angústia. E como neurologistas sabemos muito bem que papel desempenha a angústia na vida humana. De um modo geral, relaciona-se a tudo aquilo que possa pôr em risco esta vida, sobretudo a ameaça de morte. Aquilo que o médico denomina hipocondria nada mais é do que uma espécie de concentração, ou condensação da angústia geral em determinado órgão, considerado então o núcleo de condensação da respectiva angústia. Ocorre que no momento em que a angústia já não se refere mais ao nada, todavia muito mais a algo, a algo determinado, a uma doença, por exemplo, no instante em que se concentra na respectiva doença e dessa forma ela se concretiza, a angústia se torna temor. Essa distinção, de resto, foi constatada primeiro por Sigmund Freud, o criador da psicanálise, mas, em última instância, reporta-se a Kierkegaard, o pai do existencialismo.

Entretanto, com o temor da doença (nosofobia) verifica-se uma circunstância especial. Ele traz ou atrai precisamente aquilo que se teme. Certa vez foi afirmado que a maioria dos casos de morte por afogamento deve ser atribuída ao fato de que a pessoa em vias de afogar-se venha a sentir *temor* do afogamento. Se o desejo é o pai do pensamento, poder-se-ia dizer que a ansiedade é a mãe do evento. E isso também vale em relação ao evento doença. O que alguém teme, o que medrosamente aguarda, logo mais verá acontecer, por menos que o deseje. Quem teme intensamente enrubescer de pronto enrubesce. Quem tem medo de transpirar justamente por efeito desse medo sentirá o suor sair-lhe dos poros. Os neurologistas conhecem esse mecanismo de ansiedade antecipatória. Trata-se de um círculo vicioso, um verdadeiro círculo diabólico: qualquer perturbação inócua, que por si só seria passageira, gera medo; o medo, por sua vez, reforça a perturbação e a perturbação desse modo reforçada aumenta no paciente o medo. Com isso se fecha o círculo diabólico e nele o paciente permanece encarcerado, pelo menos até a intervenção do médico.

O que é mais demoníaco nesse círculo diabólico é o fato de a expectativa angustiante não raro levar o doente a um estado de intensiva auto-observação. Basta pensarmos num tartamudo para compreendermos o que acontece quando ele angustiosamente observa o seu próprio falar. A auto-observação naturalmente irá perturbá-lo a ponto de bloquear-lhe a conversação. Ou vejamos o caso de um sujeito que obstinadamente tenta pegar no sono. A própria tensão e o atento concentrar-se no adormecer impossibilitará a chegada do sono. Poderá até mesmo acontecer que alguém, após conciliar o tão desejado sono, desperte assustado com o seguinte pensamento: "Parece-me que antes de adormecer eu tinha um problema a solucionar. Ah, sim! Eu queria mesmo era adormecer".

O temor é algo que atemoriza o neurótico. É o que o neurologista caracteriza como o temor do temor. Ao que parece, o neurótico dá razão a F.D. Roosevelt, que certa vez declarou: "Nada devemos temer tanto como o próprio temor". Conhecido é, por exemplo, o quadro de doença da assim chamada agorafobia. Instados a dizerem a causa do medo, resulta das respostas que, na maioria dos casos, tais doentes temem sobretudo que sua excitação temerosa possa acarretar ou um enfarte do miocárdio, ou acidente vasocerebral, ou um colapso, com queda em plena rua.

Assim como o neurótico angustiado teme o temor, o neurótico obsessivo-compulsivo teme a obsessão compulsiva, suas representações de violência compulsiva. E isso por presumir nessa situação um prenúncio, ou mesmo um indício, de perturbação mental. Tais pessoas, dignas de pena, se veem de antemão deitadas numa cama de grades, como elas mesmas costumam dizer.

Para o neurótico obsessivo-compulsivo, porém, tal situação se configura manifestamente grave. No entanto, se existe um grupo de pessoas imune a perturbações mentais graves é precisamente o das que sofrem de representações obsessivo-compulsivas, ou têm propensão para elas. No entanto, o temor doentio exagerado de contrair doença mental *é* uma representação compulsiva e é necessário advertir esses neuróticos obsessivo-compulsivos de que eles são imunes a psicoses exatamente por causa de sua neurose. Por mais que possam temer a doença mental, esta não *poderá* acontecer.

Mais uma coisa, contudo, teme o neurótico obsessivo-compulsivo: que um dia comece a gritar no teatro ou na igreja, ou que possa ser deixado sozinho, com outras pessoas, numa sala, e comece a atacar tais pessoas. Por esse motivo tais pacientes diligentemente removem facas, garfos e tesouras, colocando os referidos objetos em lugar seguro e fechado. Ou temem permanecer em andares elevados, na proximidade de janelas abertas, possuídos pelo medo de que pudesse arrebatá-los o impulso de se lançarem para baixo. Mas também essas ilusões podemos e precisamos lhes tirar. Entre os muitos que algum dia cometeram suicídio certamente não se encontrava um só que tivesse praticado tal ato por força de um impulso compulsivo, ou seja, que tenha traduzido em fato uma representação compulsiva. E jamais alguém que tenha sofrido sob uma representação compulsiva para atacar os outros mexeu um dedo para ir a vias de fato contra outrem.

Partimos da angústia da morte. Já é propriamente uma angústia do nada. Mas o nada que o ser humano teme não é somente exterior a ele, mas se encontra também dentro dele mesmo. E ainda por causa desse temor do nada interior o sujeito se torna presa do temor. O temor de si mesmo o põe em fuga de si mesmo. Ele está em fuga da solidão, porquanto solidão *significa* dever-estar-só--consigo-mesmo. E quando ele costuma ver-se compelido a ficar só consigo mesmo? Sempre que o negócio ou a empresa para de funcionar ou até fecha definitivamente as portas. Talvez tal situação surja com frequência nos fins de semana, aos domingos. "Domingo solitário" é o título de uma langorosa e mal-afamada canção, mal-afamada por causa dos muitos suicídios que se lhe seguiram, uma reputação que, por certo, não lhe foi atribuída apenas por uma editora musical com interesses comerciais. Nós neurologistas conhecemos muito bem um quadro clínico que chamamos neurose dominical. Trata-se de uma sensação de aridez e vazio, o vazio de conteúdo e falta de sentido da existência, que irrompe na pessoa e se manifesta em fins de semana, precisamente com a interrupção da atividade profissional diária. A essa experiência de falta de objetivo e razão de ser de todos os esforços eu tenho designado como frustração existencial. Vale dizer, como irrealização da vontade para o sentido, que mora no mais íntimo do nosso ser. Essa vontade para o sentido eu tenho oposto à vontade para o poder, conforme a psicologia individual de Adler a caracteriza, não sem razão, na forma de ambição de prestígio. E tenho também oposto a vontade de sentido a um segundo princípio, a saber, à vontade de prazer, de cuja validade última de domínio na forma do princípio de prazer a psicanálise de Freud está tão convencida. Ora, no caso da neurose dominical, vemos com clareza como, precisamente, quando e onde a vontade para o sentido cai no vazio porque não se realizou; a vontade para o prazer serve e se presta pelo menos para anestesiar a percepção e ocultar a consciência e insatisfação existencial do ser humano. Que a frustração existencial de um modo geral, mas particularmente também a neurose dominical, poderá culminar na morte, a morte por opção, o suicídio, foi demonstrada através de um trabalho científico de Plügge, um policlínico internista de Heidelberg. Estudando cinquenta tentativas de suicídio, ele conseguiu comprovar que nem à doença, nem à penúria econômica, nem a conflitos profissionais e outros fatores, podem ser atribuídas, mas, surpreendentemente, a esta causa: ausência de esperança, ausência de conteúdo, gerando o tédio e, portanto, a insatisfação dos anseios humanos, na luta do indivíduo por um conteúdo de vida válido.

A DOENÇA DO EXECUTIVO

Entre os hipocondríacos já circula o comentário de que uma nova doença teria acabado de surgir. E em breve mentalidades hipocondríacas deixarão de fazer a si próprias interrogações aflitivas como esta: "Será que eu tenho câncer?" Ao revés, perguntarão: "Faço eu parte desses executivos?" Precisamente por essa razão, para nos posicionarmos frente à nova fobia hipocondríaca que surge em escala coletiva, iremos falar da doença do executivo. Por ela se entende o colapso precoce, físico e psíquico daquelas pessoas sobre cujos ombros pesa uma responsabilidade descomunalmente grave. O esgotamento precoce, contudo, significa na prática algo como a morte prematura. Abstraindo-se das doenças mais ou menos graves, mais ou menos agudas, ou seja, das doenças crônicas do aparelho digestivo, trata-se, em tais colapsos, principalmente de enfarte do miocárdio, ou de apoplexia cerebral, ou de determinadas formas de hipertensão arterial. A pressão permanente que tais pessoas suportam, a tensão psíquica a que estão submetidas se reflete também nos vasos sanguíneos, e perturbações funcionais passageiras degeneram com o tempo em alterações orgânicas do sistema circulatório.

À guisa de afastamento do falso alarme, seja dito desde logo que todas essas formas de doença não apenas são suscetíveis de tratamento, mas sua ocorrência pode muito bem ser evitada. Para melhor compreendê-lo, mister se faz que ingressemos um pouco nos domínios da medicina geral, a fim de nos situarmos melhor no campo específico da doença do executivo. A partir dessa incursão tornar-se-á claro para nós que a doença do executivo pertence às assim chamadas doenças da civilização que o progresso tecnológico traz consigo. Todavia, de modo algum pretendemos aqui embarcar na berlinda daqueles que maldizem a tecnologia. Na verdade, essas pessoas via de regra desconsideram a contradição inerente a tal comportamento. Esquecem de que também elas devem a eficiência de suas "invectivas contra a tecnologia", a essa mesma tecnologia por elas condenada, a qual põe à sua disposição microfones, megafones e alto-falantes. E, em segundo lugar, atrás dessa investida contra a tecnologia hoje em moda existe boa dose de ingratidão. Ao progresso tecnológico devemos não poucas conquistas no campo da técnica de diagnosticar, tratar e evitar doenças.

Além disso, esses intempestivos adversários da máquina laboram em equívoco. Fazem vistas grossas ao fato de que o ser humano – como diria eu? – pode ser definido com essas palavras que tomo emprestadas de Dostoiévski: "O homem é um ser que a tudo se acostuma". É lícito alimentarmos, portanto, a esperança de que consiga adaptar-se às condições de vida por ele próprio – na forma da civilização – criadas. Aqueles que duvidam dessa inefável capacidade adaptativa, no mínimo, ficarão desacreditados. Aliás, no século XIX, comissões estatais de peritos no campo da medicina emitiram parecer no sentido de que o ser humano jamais poderia suportar, sem graves danos para a saúde, a velocidade vertiginosa relacionada ao transporte ferroviário. E, poucos anos faz, ainda se questionava com apreensão se a pessoa seria capaz de suportar a velocidade de aviões que ultrapassam a barreira do som. Ali onde a tecnologia produz um veneno – veneno no mais amplo sentido –, a humanidade prontamente inventa o respectivo antídoto. Aconteceu, dessa sorte, que o antes tão gabado e, após, difamado progresso tecnológico, no campo da medicina, logrou esta realização: uma expectativa de vida média do indivíduo de hoje significativamente mais longa. Obviamente, há de se ter em conta que as doenças típicas da velhice recrudesceram proporcionalmente a tal fato.

Ademais, ao que pôde comprovar o Professor Kollath, a estatística mostra que a medicina das últimas décadas, no combate, por exemplo, às doenças infecciosas, inclusive a antes tão propagada e temida tuberculose, atesta êxitos inauditos. Contudo, a partir do ano de 1921, todos esses êxitos têm sido, lamentavelmente, mais que contrabalançados pelo aumento de doenças e mortes causadas por alimentação inadequada e, acima de tudo, por acidentes de trânsito. Pelo aumento de acidentes de trânsito não se pode responsabilizar tanto a tecnologia em si, nem, consequentemente, o aumento do uso de veículos automotores, mas sobretudo a mente humana, que se serve da tecnologia e abusa da mesma.

Conforme Joachim Bodamer pôde mostrar, o automóvel hoje em dia, para o massificado sujeito da Europa Central, é critério avaliativo do respectivo padrão de vida. Em vista disso, o indivíduo médio não raro se esfalfa em razão de mero prestígio pessoal no afã de adquirir o seu vistoso carro, mesmo que seja à custa da própria saúde. Em suma, tais pessoas morrem em consequência do automóvel e, em determinadas situações, até mesmo antes de o possuírem. Não deve ser ignorado, todavia, que tal ambição poderia, alguma vez, endereçar-se a objetivos mais elevados. Conheço um paciente que representa o mais típico dos casos de doença do executivo com que tenho me deparado. O exame nele efetuado evidenciava, à primeira vista, que o trabalho o levaria à morte. O exame interno, contudo, apenas lograra comprovar, no caso, o perigo e não a causa propriamente dita da doença. Esta somente ficou esclarecida após ter-se examinado o paciente sob o aspecto médico-psiquiátrico. A partir daí foi possível descobrir o motivo real que o havia levado a atirar-se com tamanha impetuosidade ao trabalho. Embora abastado – possuía até mesmo um avião particular –, admitiu que apostara todo o seu esforço na meta de permitir-se possuir um avião a jato em lugar do avião comum.

Mas, abstraindo-se desse caso isolado, perguntemos quais seriam, em sentido amplo, as possibilidades de tratamento e prevenção da doença do executivo. Poderiam ser arroladas as seguintes: 1) evitar esforços exagerados; 2) dormir o suficiente; 3) desenvolver não simplesmente atividade física, mas decididamente esforço físico e, incidentalmente, aquilo que no passado se designava como esporte de compensação. Esta última recomendação é digna de nota por redobradas razões. Primeiro, porque mostra mais uma vez que não é a carga exagerada o fator responsável pela doença do ser humano, e sim aquilo que o pesquisador canadense Selye designava como estresse. Com efeito, um repentino alívio dessa carga pode, em certas circunstâncias, ter como resultado uma doença. Nós neurologistas conhecemos isso muito bem. Tivemos ensejo de averiguar o fato de precisamente aquelas pessoas das quais, por exemplo na guerra, ou na condição de prisioneiros de guerra, era exigido o máximo em termos de esforço entrarem em colapso ao ser-lhes permitido alijar a carga física e psíquica. No que concerne em especial ao aspecto psiquiátrico do referido problema, já aludi à contrapartida psíquica pertinente, que é a doença do mergulhador. Assim como o mergulhador que, em zona de grande profundidade e elevada pressão, içado à superfície, sofreria grave ameaça à saúde se não fosse evitada, através de dispositivos adequados, uma súbita descompressão, também a pessoa corre risco em sua saúde ao ficar repentinamente livre de pressão psíquica elevada.

Voltemos às comentadas medidas de prevenção da doença do executivo a partir de esforços físicos regulares. Aqui se confirma a procedência de um velho credo popular, assim expresso: "Onde quer que haja uma doença, haverá também uma planta com a qual se possa curá-la". Assim sendo, o mesmo período da civilização que trouxe consigo a incidência da doença do executivo viu o surgimento e prestígio do esporte, desse esporte que proporciona a quantos estejam ameaçados pelo veneno da civilização um antídoto eficaz. Por certo não faz parte desse esporte salutar aquele do qual se participa apenas passivamente, por exemplo quando, sentado à frente do aparelho de televisão, se assiste à transmissão de uma competição esportiva mundial e, tampouco, aquele esporte cuja prática é dominada pela ambição recordista.

No entanto, fenômenos de degeneração nada comprovam e o abuso não refuta o sentido original. Mesmo que, relativamente a tais problemas da civilização e da doença da civilização, da doença do executivo e do esporte de compensação, fique a impressão de que o ser humano vive a cambalear de erro em erro, persiste assim mesmo a esperança de se tornarem cada vez menores os erros que comete.

EUTANÁSIA OU HOMICÍDIO COLETIVO?

O tema da eutanásia retorna sempre de novo ao debate. É corrente dizer-se que matar doentes incuráveis, em especial, doentes mentais incuráveis, poderia ser justificado, "ainda se poderia de certo modo compreender", num programa político-ideológico de resto incondicionalmente condenável. Não é segredo que se tem ameaçado de morte ou efetivamente eliminado doentes pelo motivo de sua doença por se considerar, no caso concreto, a sua vida "uma vida sem valor". Passarei a relacionar todos aqueles motivos que, em sua maioria, se fundam no pressuposto tácito de um posicionamento favorável à prática da eutanásia, ou seja, da assim chamada morte piedosa. Os argumentos em contrário que apresentarei são dificilmente refutáveis.

Como se trata, em primeiro plano, de doentes mentais incuráveis, acerca de cuja eliminação como vidas sem sentido – "sem valor", "indignas de serem vividas" – de direito se questiona, teremos de começar pela pergunta: O que se entende por "incurável"? Ao invés de muitas explanações de difícil compreensão para não especialistas e, sobretudo, inoportunas, prefiro restringir-me a relatar um caso isolado, concreto e por mim testemunhado.

Num estabelecimento de saúde jazia um senhor jovem, que se encontrava numa assim chamada situação de inibição. Pelo espaço de cinco anos não proferira uma só palavra, não comia por iniciativa própria, de modo que devia ser alimentado artificialmente, mediante um tubo introduzido pelo nariz. Dia após dia ficava imobilizado na cama, de sorte que a musculatura de suas pernas acabou se atrofiando. Se, ao conduzir uma dessas frequentes visitas de estudantes de medicina ao estabelecimento, eu tivesse mostrado o caso, certamente algum dos estudantes – como é tão comum ouvir-se – ter-me-ia feito a pergunta: "Diga-me com toda a sinceridade, doutor, não seria melhor eliminar um homem assim?" Ora, o futuro lhe teria dado a resposta. Pois um dia, sem nenhuma razão à primeira vista plausível, o nosso doente levantou-se da cama, solicitou ao atendente licença para fazer a sua refeição de modo normal, pedindo ainda que o tirassem da cama, a fim de que pudesse iniciar exercícios de locomoção. Em tudo passara ele a comportar-se de forma inteiramente normal, de acordo *com* a situação. Aos poucos os músculos de suas pernas se tornaram mais fortes e semanas depois o paciente recebeu alta, completamente "curado". Pouco tempo depois, não somente exercia a sua profissão mas voltara a fazer palestras num estabelecimento de ensino popular de grau superior de Viena sobre viagens para o exterior e excursões às montanhas que certa vez fizera e das quais possuía um belo documentário fotográfico. Por solicitação minha falou ele também a um pequeno círculo de colegas meus, especialistas em psiquiatria, sobre a sua vida interior no decurso dos cinco anos críticos de sua permanência no hospital. Nessa conferência narrou toda a sorte de experiências interessantes então vividas, revelando-nos não apenas um conteúdo psíquico de notável riqueza, oculto ao tempo da internação sob a aparência externa de "pobreza de motricidade" (como se costuma dizer em psiquiatria), mas também rico em detalhes marcantes do que acontece "atrás dos bastidores", de fatos alheios à percepção do médico que se limita a fazer as suas visitas e fora delas pouco chega a ver ou sequer a suspeitar. O doente, ainda depois de anos, recordava este ou aquele evento – para desgosto de um ou outro enfermeiro que por certo nunca teria imaginado que o doente se restabelecesse e desse à publicidade as suas recordações.

Mesmo em se admitindo tratar em determinadas situações efetivamente de caso incurável segundo opinião generalizada e unânime, quem seria capaz de nos assegurar quanto tempo tal caso, isto é, a respectiva doença, deverá ser considerada incurável? Não é verdade que exatamente nessas últimas décadas testemunhamos na psiquiatria o fato de que perturbações mentais tidas por incuráveis, *contudo* puderam ser pelo menos mitigadas, quando não efetivamente curadas, a partir de algum método de tratamento? Quem nos dirá, num determinado caso de perturbação mental, com a qual nos deparamos, se ela não poderia ser dominada graças ao método de tratamento que em algum lugar do mundo, em alguma clínica, esteja sendo elaborado sem sequer o suspeitarmos?

Estou perfeitamente a par das demais objeções que poderiam ser levantadas sobre o assunto. Por esse motivo passarei diretamente ao cerne do argumento básico e geral contrário a toda destruição de pessoas mentalmente enfermas. Mesmo que admitíssemos, para argumentar, sermos de fato oniscientes podendo com absoluta certeza falar em incurabilidade não momentânea, mas permanente, quem daria ainda assim ao médico o direito de matar? Teria sido o médico convocado para iniciativa dessa ordem pela sociedade humana? Não é ele destinado muito mais a salvar onde puder, a ajudar onde isso lhe for possível, e a assistir o doente mesmo quando já não possa curá-lo? O médico como médico por certo não detém o poder de decidir sobre o ser e o não ser dos que lhe são confiados ou dos doentes que por si mesmos se colocaram aos seus cuidados. Não lhe assiste pois, de modo algum, o direito de – e jamais deveria atribuí-lo a si mesmo – emitir julgamento sobre a valia ou desvalia de uma vida humana, diante de uma doença real – ou pretensamente incurável.

Imaginemos as consequências que poderiam advir de uma "legitimação" (que ora não existe) por meio de lei (e fosse até mesmo "lei" não escrita). Estou convencido de que, relativamente à confiança dos doentes e respectivos familiares, nós, profissionais

133

da medicina, estaríamos liquidados! Pois nunca saberia alguém se o médico dele se aproxima como prestador de ajuda e agente de saúde – ou já como juiz e carrasco.

No entanto, outras objeções poderiam ser levantadas, talvez possa alegar-se que os argumentos aduzidos não resistem a outros em contrário, sendo lícito questionar honestamente se ao Estado não assiste o dever de conferir ao médico aquele direito de eliminar indivíduos supérfluos e inúteis. Seria pelo menos pensável que o Estado, como guardião dos interesses gerais da sociedade, alijasse dela o peso morto de indivíduos completamente "improdutivos", que servem apenas para comer o pão dos cidadãos sadios e válidos. Ora, se e enquanto se tratar de um "consumo" de bens como alimentos, leitos hospitalares, produção do trabalho de médicos e pessoal de enfermagem etc., faz-se inútil qualquer iniciativa de discutir tal argumento, ainda mais se tivermos diante dos olhos apenas isto: um Estado que economicamente se encontrasse "atolado no barro" a ponto de optar pela degradante alternativa de destruir o relativamente pouco significativo percentual dos seus doentes incuráveis, com vistas à poupança dos referidos bens – um tal Estado, sob o aspecto econômico, há muito terá entrado em falência!

Mas no que concerne ao outro lado da questão, segundo a qual os doentes incuráveis não seriam mais úteis à sociedade humana, e que o cuidado para com eles representaria um cuidado "improdutivo", é de se ponderar que o útil para a comunidade nunca e jamais será critério único a justificar a disponibilidade radical sobre a vida de um ser humano. Quão improdutiva é, na realidade, a existência de uma pobre mãezinha semiparalítica, sentada na cadeira de balanço, junto à janela da casa, dormitando e sem perspectiva imediata de vida e ocupação. E, contudo, como é acarinhada e cercada pelo amor dos filhos e dos netos! Nessa atmosfera de amor ela é essa avó única – não mais nem menos e, como tal, insubstituível e não representável por outrem – exatamente como qualquer outra pessoa, ainda em plena atividade profissional, possa ser insubstituível e insusceptível de ser representada por outrem em seu serviço à comunidade.

Mas estou prevenido para enfrentar este outro argumento: o de que as minhas alegações seriam procedentes no que tange à generalidade das situações, mas que dificilmente seriam válidas em relação àquelas pobres criaturas às quais, de qualquer modo, se tem conferido o título de seres humanos, que são as crianças afetadas de idiotice e mentalmente retardadas. É espantoso, contudo – não é nenhuma surpresa para o psiquiatra experimentado –, chamar-lhes a atenção sobre algo sempre de novo constatado: o amor particularmente afetuoso com que precisamente tais crianças são afagadas e cuidadas pelos respectivos pais. Permitam-me que leia a vocês tópico da carta de uma mãe que perdera sua filha no apogeu dos conhecidos procedimentos eutanasistas (a carta foi publicada num diário vienense): "Em consequência de uma precoce solidificação do tecido ósseo do crânio no útero materno, minha filha nasceu doente, sem perspectiva de cura, em 6 de junho de 1929. Eu tinha, à época, 18 anos de idade. Endeusei minha filha e amei-a imensamente. Minha mãe e eu fazíamos de tudo para ajudar a pobre criaturinha, mas em vão. A criança não conseguia andar nem falar. Mas eu era jovem e não perdia a esperança. Trabalhava dia e noite para poder comprar preparados nutritivos e remédios para a minha amada mininha. Quando eu colocava suas pequenas e magras mãozinhas ao redor do meu pescoço e lhe perguntava: Tu me queres bem, filhinha? – ela se encostava firmemente em mim, ria e me passava desajeitadamente as mãozinhas pelo rosto. Era eu então feliz, apesar de tudo, imensamente feliz". Parece-me que seria supérfluo qualquer comentário ao fato.

Mas creiam-me, sempre ainda restam argumentos, ao menos aparentes, a enfrentar. Poderia alguém afirmar porventura que, ao matar um doente incurável, o médico age, nos referidos casos de perturbação mental, em última análise em nome da presumível vontade do respectivo paciente, uma vez que essa vontade se encontra "encoberta"; e, como tais doentes, em virtude da perturbação mental, são incapazes de, por si mesmos, "administrar" a sua própria vontade e verdadeiro interesse por causa da perturbação mental, precisamente por isso o médico, atuando como procurador dessa vontade, não teria apenas o direito mas até o dever de providenciar a morte do paciente. Tal morte seria, bem compreendida, um procedimento substitutivo de um suicídio, que o doente iria perpetrar se soubesse qual a situação em que se encontra. O que tenho a dizer-lhes sobre isso, ou melhor, contra esse argumento, será novamente referido à luz de um caso por mim testemunhado.

Estava eu, como médico novo, em serviço numa clínica em que se internou um jovem colega. Ele trazia consigo o diagnóstico – um câncer altamente perigoso, já não operável e particularmente traiçoeiro quanto ao seu desenvolvimento específico. E o diagnóstico estava correto! Pois tratava-se de uma forma cancerígena especial – a medicina a chama melano-sarcoma – detectável por determinada reação urinária. Naturalmente procurávamos iludir o paciente. Trocávamos a sua urina com a de outros doentes e lhe mostrávamos o resultado negativo da reação. O que fez ele, no entanto? Pela meia-noite esgueirou-se para dentro do laboratório e provocou ali a reação com sua própria urina – para, no dia seguinte, quando da nossa visita, surpreender-nos com o resultado positivo. Nada nos pôde mais valer em nosso embaraço e só nos restava esperar o suicídio do colega. Toda vez que ele – e não lho teríamos podido proibir – dava a sua saída para, como de costume, dirigir-se a um café situado nas proximidades, tremíamos ao pensar, no que não seria para nós estranhável, que tivesse ingerido veneno na toalete. No entanto, o que realmente se passava? Quanto mais a doença visivelmente progredia, tanto mais o doente duvidava do seu diagnóstico. Quando já as metástases lhe afetavam o fígado, começou a diagnosticar inofensivas moléstias hepáticas. O que acontecera? Quanto mais o fim de sua vida se aproximava, tanto mais a vontade de viver desse homem se alteava e tanto menos queria ele admitir a iminência do momento final. Pode-se pensar sobre o caso como se queira. A realidade indiscutivelmente é e será esta: movia-se aqui uma vontade de viver e tal realidade deve admoestar-nos inequivocamente e de uma vez por todas em relação a casos análogos, no sentido de não nos assistir o direito de negar a um único doente a vontade de viver.

E tão profundamente se aloja na intimidade do ser essa realidade que devemos defender essa tese também, ali onde nós, médicos, confrontamos fatos consumados, onde na verdade um ser humano demonstrou que já não possui vontade de viver. Refiro-me ao suicídio. E mantenho firmemente a posição, segundo a qual também no caso de uma tentativa de suicídio o médico não tem apenas o direito, mas também o dever de intervir como médico, e isso significa salvar e ajudar até onde e como puder fazê-lo. Significa isso brincar com o destino? Não. Brinca com o destino *aquele* médico que abandona ao seu destino um suicida. Deveras, se fosse do agrado do "destino" fazer com que o respectivo suicida efetivamente sucumbisse, por certo teria encontrado meios e caminhos para não deixar cair o moribundo nas mãos de um médico.

O PODER DE OBSTINAÇÃO DO ESPÍRITO

Frequentemente acontece que o psicoterapeuta, o médico da alma, chame a atenção do doente psíquico sobre o que deve fazer e como deve se portar. O doente, por sua vez, diante do terapeuta, lamenta-se, alegando que não o consegue, que lhe é impossível realizá-lo, que lhe falta a força de vontade necessária para isto e para aquilo, em suma, que sua vontade é fraca.

Existiria mesmo algo como fraqueza de vontade ou força de vontade? A própria referência à fraqueza de vontade não seria antes uma espécie de subterfúgio mal esclarecido? Costuma-se dizer que onde há uma vontade há um caminho. Eu gostaria de modificar essa proposição, dizendo que onde houver um objetivo haverá também uma vontade. Em outras palavras, quem tiver um objetivo claro em vista e honestamente se propuser a realizá-lo nunca terá de lamentar que lhe falta a vontade para tanto.

Sucede, porém, que a rigor não é de fraqueza de vontade que tais pessoas se ressentem. O motivo de não conseguirem ajudar a si mesmas, de se acharem como que bloqueadas em suas iniciativas, reside no fato de não admitirem a existência da vontade livre. É oportuno indagar o que teria a dizer sobre isso a prática psicoterápica e a experiência dos neurologistas. Estaria efetivamente acontecendo, na hipótese, o que uma meia-ciência equivocada, mas nem por isso menos estranha à opinião popular, pretende insinuar e fazer crer? Consoante opina, por exemplo, um pesquisador californiano, o ser humano estaria sob o comando das glândulas germinais. Seus hormônios seriam o seu destino, a tal ponto que até mesmo a visão moral da pessoa estaria a depender, única e exclusivamente, de tais glândulas, conforme aquele homem de ciência costuma expressar-se. Ou seria, como o próprio Sigmund Freud certa vez declarou, que o indivíduo é um ser dominado pelos seus desejos instintuais (cito-o textualmente!) e que o ego, na expressão de Freud, não é o dono de sua própria casa?

Certamente ninguém ousaria negar que o ser humano possui impulsos. E, ao tempo de Freud, não deixava de ser importante arrancar a máscara da face e colocar o espelho na frente dos olhos de uma sociedade, por um lado, fingindo pudor e, por outro lado, libidinosa. O próprio Freud estava bem cônscio dessa função, dessa sua missão. Numa conversa com o psiquiatra suíço Ludwig Binswanger, declarou: "A humanidade já sabia que tinha mente; tive de mostrar-lhe que também possui impulsos".

Contudo, não teria o mundo e não teria a sociedade mudado nesse meio-tempo? Poder-se-ia afirmar, ainda hoje, estar o ser humano ciente de que é também um ser espiritual? Ou não seria exatamente o reverso, esquecendo o sujeito com excessiva frequência a parte espiritual do seu ser e olvidando que é livre e responsável? Não ocorre que precisamente a pessoa de hoje esteja por demais inclinada a reprimir a sua espiritualidade, para ficarmos com essa expressão psicanalítica? E reprimi-la de modo análogo ao que, no tempo de Sigmund Freud, fazia em relação à sua realidade instintual?

Efetivamente, não é difícil demonstrar que o sujeito de hoje tornou-se espiritualmente enfastiado, ou, se preferirmos assim expressá-lo, espiritualmente cansado. Desejaria ele descartar o lado espiritual de sua existência e, com ela, a liberdade e a responsabilidade. Na medida, porém, em que tal fastio ou tal cansaço espiritual representa um sintoma daquilo que se poderia caracterizar como patologia do espírito da época, a tarefa da psicoterapia consiste em, exatamente, enfrentar pelo outro lado, pelo lado oposto ao que Freud escolhera (e Freud teve de fazê-lo), a neurose coletiva da atualidade. Com oportunidade e elegância o Professor Kraemer chamou atenção para o fato de que uma nova era da medicina começa a delinear-se e que, efetivamente, até o presente, o espírito era considerado, no sentido em que Ludwig Klages o expressou, o adversário da psique, ao passo que a nova psicoterapia faz do espírito um fiel aliado no combate em favor da saúde psíquica. Também poderíamos enunciá-lo, contraditando Freud: "O indivíduo de hoje conhece à saciedade o fato de possuir instintos; o que temos de mostrar-lhe é que ele possui também espírito – espírito, liberdade e responsabilidade. O que a nós, médicos da alma, presentes no âmago do tempo e dispostos a nos colocarmos à sua altura, o que a nós médicos incumbe fazer é mostrar novamente ao ser humano que ele é livre e responsável".

Todavia, objetar-se-á, não são precisamente as ciências naturais e, relacionada a elas, a neuropsiquiatria, que renovadamente parecem provar quanto o sujeito por destino depende da hereditariedade, da educação, da constituição básica e do meio ambiente, ou, se preferirmos a expressão mitológica, do sangue e da terra? Não é inato no ser humano o caráter psíquico? E o tipo físico, a constituição corporal não estaria, por força do destino, correlacionada ao caráter? Quem assim fala demonstra apenas desconhecer por completo o especificamente humano que condiciona as realidades da existência humana acima da psicologia, da biologia e da sociologia e, pois, dos elementos físico, psíquico e social. O ser-homem, em sentido próprio, tem seu início somente ali onde o ser humano já se situa, de algum modo, além de todos os condicionamentos, e isso em virtude daquilo que costumo designar como poder de obstinação do espírito[11].

---

11. Por sorte não precisa o ser humano fazer uso constante desse poder de obstinação, pois, pelo menos com a mesma frequência, não obstante sua hereditariedade, o meio e os impulsos instintuais, o indivíduo se afirma também *graças* à hereditariedade, graças ao meio e por *força* dos instintos – uma indicação que devo à Dra. Gertrud Pauktrer.

A esses condicionamentos, que são poderosos mas não todo-poderosos, pertence o próprio caráter, e também em relação a este o sujeito fundamentalmente dispõe de espaço livre. Em vez de ater-me a comentários abstratos, vou apresentar um exemplo. Uma paciente jovem, censurada pelo psiquiatra com quem se tratava por causa de sua covardia de viver, sua tendência a fugir da vida, responde à censura com as seguintes palavras: "Que quer o senhor de mim, doutor, se eu sou apenas uma filha única típica, segundo Alfred Adler?" Quis ela mostrar com isso que não podia ajudar-se ou ser ajudada porque, em conformidade com os ensinamentos e a escola da psicologia individual, era ela condicionada por características imutáveis. E aqui nos deparamos com um comportamento neurótico típico, que é o fatalismo e a crendice na força do destino. É justamente a pessoa neurótica que tende a ter o comportamento a seguir descrito. Apoia-se naquilo que descobre em si mesma, possivelmente qualidades de caráter, e de imediato aceita isso. Mas ela esquece que ainda cabe ao ser humano dispor sobre o que o destino dispôs. E antes que tiver feito isso, ou no mínimo tentado fazê-lo, a palavra destino nem deveria ser pronunciada. Na verdade, *quem de saída julgar selado o seu destino por certo não estará em condições de sobrepujá-lo.*

Conforme se viu, tudo isso é válido, em especial em relação ao destino aparente que existe em nós, às potencialidades internas dos impulsos instintuais. O ser humano possui instintos. E quem, ou qual o cientista que iria negá-lo? Possui instintos, mas os instintos não o possuem. *Não somos* absolutamente contrários ao reconhecimento da realidade instintual e também não nos opomos a que o ser humano em certos casos lhe dê resposta afirmativa. Só queremos observar a esse respeito que toda resposta afirmativa aos instintos deveria ter por pressuposto e condição básica a certeza de que a pessoa possui a liberdade fundamental de, se preciso for, dizer não aos impulsos instintuais. Gostaria de salientar: o que antes de mais nada deve ser afirmado sem qualquer hesitação é que, *antes* de toda a impulsividade instintual, fica reservado à liberdade, à liberdade fundamental, o direito de dizer não. Pois o homem é um ser que *pode* dizer não, e isso mesmo em oposição a si mesmo. De maneira alguma poderá ser obrigado a dizer sim e amém a si mesmo em qualquer caso. Poderíamos expressar isso de modo mais ou menos grosseiro, usando a mesma linguagem com que tive de dizê-lo a pacientes meus, sempre que me vinham com a alegação de que seu modo de ser é esse mesmo, que as características que lhes são próprias são essas ou aquelas. Evidentemente, com isso punham à mostra a sua suscetibilidade fácil ou a tendência de deixar-se levar, ou, digamos logo, a fraqueza de vontade. Diante de tal situação, via-me compelido a perguntar a tais pessoas: "Bem, eu admito que você tenha essa ou aquela propriedade; mas será que se deve ser sempre tão condescendente consigo mesmo?"

Voltando ao que dizíamos de início: o ser humano possui impulsos. Mas, ao mesmo tempo, tem liberdade. E é exatamente o que o distingue do animal. O animal, propriamente falando, não tem impulsos. Com mais acerto diríamos que o animal é, por assim dizer, os seus próprios impulsos. Equivale a dizer que com eles está identificado, ao passo que o ser humano, em dado momento, deve-se identificar com um de seus impulsos, e isso acontece quando responde afirmativamente a esse impulso. Contudo, a tese de que a pessoa é livre não é inteiramente correta. Com mais propriedade se deveria dizer: assim como o animal é seus impulsos, o ser humano *é* a sua liberdade. Aquilo que apenas tem poderá perder. A liberdade, porém, é característica permanente e definitiva do homem. Mesmo que a ela renuncie, o próprio ato dessa voluntária renúncia acontece na liberdade.

Sabemos que existem correntes filosóficas contestatórias da liberdade. Os respectivos filósofos, na verdade, admitem que o ser humano vive e sente como se fosse livre. Na realidade, todavia, em absoluto seria ele livre, sendo mera ilusão o seu sentimento de liberdade. Outros filósofos expressam opinião contrária. Sustentam que o sujeito não apenas tem a sensação de ser livre, mas efetivamente o é. Como se vê, temos aí afirmação contra afirmação. Ao neurologista não caberá conciliar tal confronto de entendimentos entre os filósofos. Contudo, talvez possa alertar para o fato de que na psiquiatria nos deparamos com circunstâncias relacionadas a exceções psíquicas em que o indivíduo se tem por não livre. E posso confidenciar-lhes que as situações excepcionais a que aludi não ocorrem apenas no quadro das perturbações mentais, mas também podem ser provocadas experimentalmente com pessoas normais. Basta ingerir-se a milionésima parte de um grama de substância química como LSD para entrar-se em situação de intoxicação tal que, embora dure apenas algumas horas, tem como resultado perturbações sensoriais altamente estranhas. As pessoas submetidas à experiência relatam, por exemplo, que tiveram a sensação de que o seu corpo se tornara diferente; os membros, por exemplo, pareciam-lhes descomunalmente grandes e também os rostos que vislumbravam em torno de si afiguravam-se disformes a ponto de se assemelharem a pinturas surrealistas. O que, a meu ver, essencialmente aparece é o seguinte: muitas pessoas submetidas à experiência referem que, por efeito da intoxicação por ácido lisérgico, passam a ter a impressão de serem autômatos, marionetes, títeres. E o que essas pessoas pensam disso tudo? Experimentam também ausência de liberdade? Poderíamos, entretanto, prosseguir com a seguinte pergunta: Seria mesmo assim como alguns filósofos afirmam – que o ser humano, ou, mais exatamente, que a vontade não seja livre? Se aqueles filósofos tiverem razão e o seu entendimento corresponder à verdade, parece que, aí sim, a pessoa necessita de uma intoxicação, talvez por ácido lisérgico, para conseguir convencer-se dessa verdade. No entanto, perguntaria eu que verdade seria essa, que só poderia ser alcançada se tivéssemos ingerido uma neurotoxina? E terminaria com esta outra interrogação: É plausível admitir-se que o ser humano normal seja um ser sem liberdade, que não possua, portanto, vontade livre, mesmo sem notá-lo, por aludir-se a si mesmo a esse respeito, somente podendo em consequência disso ser libertado dessa ilusão por ingestão da dietilamida do ácido lisérgico? Ou seria mais provável que o sujeito se sinta livre e efetivamente o seja, e que uma dose de neurotoxina, como o ácido lisérgico, serviria apenas para mantê-lo dopado e inconsciente de sua liberdade? Solicito a resposta e o discernimento de cada um dos que me leem. Não esqueçamos, porém, que o julgamento sobre a liberdade ou inexistência da mesma não será feito simplesmente à base da teoria, mas em primeiro plano na prática, no agir aqui e agora.

O PROBLEMA CORPO E ALMA SOB O ASPECTO CLÍNICO

Quem de nós não teria dito alguma vez que isto ou aquilo lhe aperta o coração, que tem algo atravessado na garganta, ou que teve de engolir uma pílula amarga... Talvez não nos tenhamos dado conta de quanta sabedoria tais expressões encerram. Não se poderia afirmar que se trata aqui de linguagem figurada, e sim que ela é representativa, a imagem verbal de algo de fato existente.

Vejamos apenas o sentido do verbo "engolir". Um pesquisador italiano deu-se o trabalho de fazer a seguinte experiência: Hipnotizou os sujeitos da pesquisa e, durante o sono hipnótico, sugeriu-lhes serem eles empregados pobres e de categoria inferior, sendo o seu chefe um patrão desagradável, o qual implicava com eles e os rebaixava a ponto de sofrerem intensamente sob a constante pressão que pesava sobre eles. Contudo, não deviam protestar contra tal situação, mas simplesmente "engolir" tudo. O pesquisador italiano colocou todos os sujeitos da experiência atrás da tela radioscópica e examinou de perto a região estomacal daquelas pessoas. E vejam, todas aquelas pessoas se haviam transformado nos assim chamados engolidores de ar. A imagem radioscópica mostrava nitidamente que o estômago deles estava anormalmente dilatado pelo acúmulo de ar – ar por eles engolido inconsciente e involuntariamente. Não menos inconsciente e involuntária é a aerofagia, em que o paciente sofre semelhante dilatação do estômago por efeito do levantamento do diafragma e da pressão de baixo para cima sobre o coração, que redunda em moléstias as mais diversas, por inofensivas que sejam. Quando se perquirir a história pessoal de tais doentes, verifica-se, não raro, que eles também engolem alguma coisa, ou tiveram de engoli-la. E não era apenas *ar*, mas uma experiência qualquer, algo doloroso que lhes havia acontecido e na qual preferem não pensar.

Reconhecidamente, a medicina conhece, nos dias atuais, a íntima correlação entre o corpo e a alma (o soma e a psique), de tal sorte que de modo algum é admissível *considerar e tratar a pessoa doente levando-se em conta apenas a doença e não a pessoa*. Seria não levar em conta como ser vivo e sofredor o homem – o *homo patiens*.

Sabe-se que a assim denominada medicina psicossomática tomou a si o estudo da conexão íntima entre as realidades corporal e psíquica do ser humano. Certamente cometeu exageros, admitindo que cada doença, também a corporal, tenha por base uma experiência correspondente. Doente só fica – segundo princípio básico da medicina psicossomática – aquele que se magoa. Mas isso não corresponde à verdade. E quando se aponta o fato de que, por exemplo, um ataque de angina, consciente ou inconscientemente, poderá ser atribuído a uma excitação, digamos uma excitação angustiosa, deverá atentar-se para este outro fato: não só a excitação angustiosa pode provocar ataque do coração, mas também uma excitação de euforia. São conhecidos os casos de mães que ao regressarem, após longos anos de ausência, filhos seus, ex-prisioneiros de guerra, sucumbiram atingidas por colapso cardíaco. O corpo do ser humano é inquestionavelmente espelho de sua alma. Mas quando esse espelho aparece manchado, a alma que ele reflete pode, isto não obstante, ser normal. Acontecimento corporal de modo algum é necessariamente a expressão de uma experiência psíquica. E uma doença corporal não terá de forçosamente ser tida como indício de que na alma do doente alguma coisa não esteja em ordem.

Tenhamos clareza sobre isto: o psíquico pode expressar-se no somático. Perguntemo-nos agora se não pode ocorrer também o inverso, que o corpóreo, o carnal, o material, possa atuar sobre a psique e a mente. Posso responder afirmativamente a essa pergunta e justificar a resposta, arrolando grande cópia de fatos por mim presenciados. Vou limitar-me a apanhar a esmo alguns poucos. Partirei do seguinte suporte fático de interesse clínico: há pessoas que sofrem de hiperfunção da glândula tireoide. A essa realidade orgânica vem acoplada uma característica psíquica, e na verdade os respectivos pacientes, conforme pude demonstrar, propendem não só para uma excitação angustiosa em geral, mas especialmente para a agorafobia. Pela aplicação de medicamentos apropriados, com ação inibidora da hiperfunção tireoidiana, consegue-se sustar a disfunção hormonal, bem como o sentimento de angústia a ela associada.

Mas o que nos interessa relativamente ao problema corpo-alma é o seguinte: fosse eu ingênuo nas minhas conclusões, diria que de certo modo se pode afirmar que todo temor é propriamente temor de consciência. Ora, daquilo que sustentei antes, ao pretender tornar claro que uma superprodução de hormônio tireoidiano acarreta temor, concluir-se-ia que a consciência "nada mais é" do que hormônio tireoidiano.

As pessoas – assim como eu mesmo – tachariam tal conclusão de falsa e ridícula. No entanto, um professor de uma faculdade de medicina da Califórnia arriscou-se a tirar semelhante conclusão. Apenas a colocou em sentido oposto ao sustentar que, não à hiperfunção tireoidiana, mas à hipofunção dessa glândula é que se deve o efeito antes referido. A afirmação, em essência, assim se configura: ministro hormônio tireoidiano a um débil mental, a um indivíduo, portanto, que adoeceu de hipofunção da tireoide e, em consequência disso, teve o seu desenvolvimento mental retardado, e poderei em breve observar e constatar, através de exames, que o seu quociente intelectual aumentou. Numa palavra, novas energias mentais se desenvolvem na respectiva pessoa. Portanto, conclui honesta e literalmente o colega californiano, o espírito não é "nada mais" do que hormônio tireoidiano.

Analisemos outro fato exemplificativo. Há pessoas que adoecem de uma sensação estranha. Tudo lhes parece distante e se sentem estranhas a si mesmas. Nós psiquiatras falamos nesse caso de vivência de alienação ou de uma síndrome de despersonalização. Ocorre com as mais variadas doenças psíquicas, mas é por si mesma inócua. Poderia mostrar que tal sintoma desaparece em determinados casos com a ingestão de pequenas doses de hormônio das cápsulas suprarrenais. O sentimento personalístico normal, a vivência normal do eu reaparece com tal providência. Não me teria ocorrido, no entanto, tirar de tudo isso a conclusão de que a personalidade de um ser humano, que o eu *nada é senão* hormônio das cápsulas suprarrenais.

Exame mais acurado mostra que devemos nos precaver de conclusão errônea e erro de pensamento sempre que o assunto versar sobre o inter-relacionamento entre corpo e alma. Devemos nos habituar a distinguir entre condicionar, causar ou produzir. Assim, uma glândula tireoide ou suprarrenal que funcione normalmente é o pressuposto, a condição prévia de uma vida humana normal sob os aspectos psíquico e espiritual. Isso, porém, não significa de modo algum que o espírito humano seja por assim dizer *produzido* pelos processos químicos nos quais se baseia a produção de hormônios do organismo.

Referia-me há pouco ao organismo. Este é o conjunto de órgãos, o que vem a significar de meios, de instrumentos. Efetivamente, o que há de espiritual no ser humano – do qual acabamos de dizer que não é gerado pela química e assim também não pode ser explicado a partir da química – se comporta em relação ao organismo como um artista no tocante ao seu instrumento. Entendo com isso que o espírito humano, para poder desenvolver-se, exige como condição fundamental um organismo funcionalmente capaz, à semelhança de um músico, que necessita de um bom "instrumento". Não pode prescindir dele; depende dele. Por certo, com instrumento ruim, digamos um piano mal afinado, o melhor músico e o maior artista não poderão tocar bem. O que acontece quando o piano está desafinado? Chama-se o afinador, que repõe o piano em condições de instrumento afinado. Mas não só um piano pode estar desafinado. Também um ser humano eventualmente pode estar. Ele pode entrar em situação de desafinamento, encontrar-se à mercê de um estado depressivo. O que faremos então? Em determinados casos tratamos o respectivo doente mediante eletrochoques, com o efeito de que, afinal, nova alegria de viver se instale em sua vida afetiva. Entretanto, assim como não era lícito antes tirar a conclusão de que o hormônio da tireoide seja idêntico à faculdade intelectual, tampouco se admitiria daí concluir que nova alegria de viver seja identificável com eletricidade.

Por sofismas dessa ordem muitos se deixam seduzir no que concerne à psicoquímica, fascinados pelos diferentes procedimentos químicos que se impuseram como base mais ou menos *necessária (mas não suficiente)* de uma vida psíquica normal. Também aquilo que se designava uma vez como psicocirurgia leva alguns para o que L. Klages qualificou como observação supersticiosa do cérebro. Inegavelmente, também por meio de intervenções cirúrgicas, através de operações do cérebro, podem ser modificadas as condições sob as quais possa existir uma vida psíquica normal. Por certo, tais condições são suscetíveis de alteração e de melhoria. Assim sendo, em algumas circunstâncias, podem ser favoravelmente modificadas, particularmente ali onde se encontram patologicamente alteradas. Contudo, o escalpelo do cirurgião do cérebro não alcança o que há de espiritual no ser humano! Admitir tal possibilidade configuraria flagrante materialismo. O espírito, a alma humana, não tem a sua "sede" no cérebro. Com razão Klages lembrou que a tarefa da pesquisa cerebral não consiste em procurar a "sede da alma" e, sim, a investigação das condições cerebrais dos processos psíquicos. Ele o mostra mediante uma comparação feliz: Alguém retira o dispositivo de segurança da luz elétrica de uma sala. A luz se apaga e ninguém irá pensar que o local em que a segurança estava embutida é a "sede" da luz.

Ainda menor razão teria quem quisesse negar a existência da alma a partir do fato de ser absurdo falar-se em sede da alma no cérebro. Tal maneira de argumentar me traz à memória episódio vivido por mim. No desenrolar de um debate público perguntou-me um jovem artesão, certa feita, se eu poderia mostrar-lhe a alma, por exemplo, mediante exame microscópico do cérebro. Afora isso, não acreditaria na existência da alma. Perguntei então por que estava interessado numa comprovação microscópica, e ele respondeu: "Pelo desejo que tenho de descobrir a verdade". Mais nada me restava fazer do que perguntar-lhe se tal anseio pela verdade era algo corpóreo ou psíquico. Teve ele de admitir que era algo psíquico. Em síntese, o que debalde procurava há muito já era o pressuposto de toda a sua busca.

ESPIRITISMO

Chegou-se novamente ao extremo de uma onda de crendice ganhar publicidade. Refiro-me especialmente àquela crendice que costuma apresentar-se sob a roupagem vistosa de expressões coloridas de constatações científicas, conhecidas sob as designações de espiritismo ou ocultismo. Ao que se vê, parece que procede o que Scheler, certa vez, declarou: "Ou o homem tem um Deus ou tem um ídolo". E poderíamos completar a observação de Scheler, acrescentando que, ou o ser humano tem uma crença ou presta culto a uma crendice. E isso nos faz compreender por que nos dias atuais constatamos tão ampla e generalizada desorientação espiritual, que é, sem dúvida, indício da falta de fé. A carência de fé, no que tange ao espírito como realidade, fez com que os espiritualmente desorientados se interessassem "pelos espíritos" com tanto mais intensidade.

Obviamente não me refiro aqui à pesquisa parapsicológica, como a realizou o renomado cientista norte-americano Rhine, ou à problemática teológica concernente ao milagre. Sobre esta última as atas estão encerradas, ao passo que na pesquisa parapsicológica que possa ser levada a sério certamente estão longe de sê-lo.

Iremos tratar hoje do chamado e por si mesmo assim designado espiritismo, cujas "experiências" se apoiam em ilusões e, não em último lugar, em ilusões que os respectivos agentes não percebem como tais. Na verdade, teremos de discorrer sobre esse tema, porquanto o espiritismo, sob o aspecto da higiene psíquica – e esse aspecto não pode ser omitido em minhas conferências –, não deixa de oferecer perigo. Conheço – assim como todo colega experimentado – uma série de casos em que pessoas psiquicamente fracas, logo que passaram a frequentar círculos espíritas, adoeceram de vez sob a influência dos mesmos. Embora o seu envolvimento com o espiritismo não seja, por certo, a causa de uma doença mental, contudo a terá desencadeado. Ademais, em outros casos, o fato de alguém ter começado a ocupar-se com o espiritismo é significativo como o primeiro *sintoma* de uma perturbação psíquica.

Tal realidade não escapa ao nosso bom-senso. Todavia, nosso bom-senso facilmente se deixa enganar. Conheço uma senhora que certa vez veio a mim com o intuito de provar a sua capacidade "sobrenatural" de descobrir doenças ocultas e não discernidas. Convidei-a a dirigir-se à policlínica neurológica e, após ela ter feito toda sorte de explanações despropositadas, à guisa de explicações teóricas, tentou confirmar a capacidade alegada com uma demonstração prática. Mas *nenhum dos seus diagnósticos dava certo.* Nem mesmo ali onde indícios significativos por certo levariam a diagnosticar corretamente ela logrou produzir um diagnóstico correto. Para grande surpresa minha, ouvi depois da boca de um renomado homem de ciência vienense, um perito em ciências da mente, que procurara aquela senhora, e que os seus "estupendos" diagnósticos o haviam impressionado profundamente. Pessoalmente entendo que nenhuma investigação científica é completa se não se valer daqueles profissionais que estão preparados para o confronto com uma refinada fraude. Refiro-me aos ilusionistas experimentados, com os quais os criminalistas mais rotineiros teriam algo a aprender. No caso da senhora "dotada de poderes sobrenaturais", pelo menos houve a disposição de submeter-se a exame clínico até mesmo por desejo expresso do respectivo sujeito. Geralmente as respectivas senhoras ou senhores se negam a sujeitar-se a tais exames. A literatura científica dos últimos tempos registra um único caso clinicamente pesquisado de modo completo. É o caso Mirin Dajo (no comentário a seguir louvo-me nos resultados exatos obtidos pelos clínicos suíços Schläpfer e Undritz).

Mirin Dajo declarou-se invulnerável, atribuindo tal fato ao domínio de seu espírito sobre o corpo. Para demonstrar esse poder num teatro de variedades suíço, todas as noites atravessava o próprio peito com um florete, perfurando o coração. Pelo menos era o que os espectadores afirmavam. Mas aqui já nos deparamos com a primeira sugestão coletiva. Efetivamente, se porventura o florete deveras atravessava o peito, tal acontecia sempre pelo lado direito, como se pôde mais tarde comprovar. Entretanto, perguntar-se-á, como é que Mirin Dajo nunca vertia sangue? Para explicar, não é necessário sequer apelar para o fenômeno da sugestão coletiva. Ocorre que o florete tinha as bordas laterais arredondadas, não tendo gume, portanto. Ao contrário de um projétil que, também arredondado, por certo produziria uma lesão, o florete era por Mirin Dajo introduzido vagarosamente no corpo. E, em virtude dessa lentidão, os vasos podiam desviar-se, não sendo seccionados. Tampouco eram rasgados pelo florete ao entrar no corpo. É que os respectivos tecidos são elásticos. E, mesmo na hipótese de algum vaso sanguíneo ser lesado, o canal atingido, mercê da elasticidade dos tecidos, ter-se-ia novamente fechado.

Na verdade, não apenas a sugestão coletiva pode ter exercido o seu papel no caso Mirin Dajo. Também a autossugestão pode ter tido papel relevante. Pelo menos é o que afirmam os clínicos que examinaram Mirin Dajo. Finalmente, seria admissível ter sido uma autossugestão e, certamente, a da ausência de dor, que teria por efeito não aparecer sangue no local da penetração do instrumento perfurante. Recordo-me do caso de uma enfermeira que se apresentara, num curso sobre hipnose, como voluntária para uma demonstração prática do tema versado. Sugeri-lhe ausência de dor numa certa região do antebraço, com o fito de mostrar aos participantes do curso que o respectivo local se tornara deveras insensível. Levantei uma dobra da pele e atravessei-a com grossa agulha de injeção, sem que a enfermeira desse o mínimo sinal de estremecimento. E também não apareceu sangue, depois que retirei a agulha. O sangue começou a fluir da parte perfurada somente após tê-la eu acordado da hipnose.

No caso Mirin Dajo, ao que entendo, não se tratava de autossugestão. Não é de causar surpresa que ele não tenha sentido dores dignas de nota com as repetidas lesões praticadas em si mesmo. Os médicos que examinaram o ilusionista chamaram atenção para o fato de que os órgãos internos, de um modo geral, não são sensíveis à dor. Quero lembrar ainda que, paradoxalmente, o cérebro, precisamente o órgão "com cuja ajuda", por assim dizer, experimentamos a sensação de dor, é ele próprio insensível à dor. Podemos nos convencer disso assistindo a uma cirurgia do cérebro, que em geral é realizada com anestesia local, estando pois o paciente completamente acordado. Sabe-se que a perfuração da pele é dolorosa, e aqui a autossugestão poderá desempenhar o seu papel, sem que nada de extraordinário haja nisso. Quando me vejo obrigado a praticar uma punção lombar num paciente medroso, a assim chamada punção raquiana, não raro eu prometo ao respectivo paciente tornar-lhe insensível a região da pele correspondente mediante novocaína. Ele acredita que a seguir lhe injetarei novocaína e mal se convence de que nada irá sentir quando a punção já está feita. E tem acontecido que tais pacientes não queriam acreditá-lo, pelo menos antes que lhes pusesse à frente dos olhos a proveta com líquido raquiano, tão pouco haviam sentido o procedimento.

De um modo geral, porém, a anestesia local não é necessária. O paciente em regra suporta a dor de uma pontada de agulha na medula quando, motivado pela preocupação com sua saúde ou convalescença, exige de si mesmo o autodomínio necessário para tanto. Aliás, o que os milhares e milhares de pacientes, que por centenas e centenas de médicos, dia após dia, em todos os pontos da pele imagináveis, são picados e puncionados, o que todos esses pacientes diariamente suportam sem pestanejar, um artista de circo de variedades não seria capaz de suportar impassivelmente por amor a seu cachê diário? Mas quando se encontra lá em cima no palco de variedades, com grande aprumo após toda sorte de preparações misteriosas, finca em si mesmo uma agulha a mais comprida possível através das bochechas; com certeza isso causa impressão, a impressão da sugestão coletiva, esquecendo o espectador que o assim denominado faquir, aí em cima no palco, realizou menor proeza do que ele, espectador, na manhã daquele mesmo dia realizara no gabinete médico sem receber pelo feito honorários de faquir.

Para Mirin Dajo o motivo não era a percepção de honorários, mas o seu idealismo, o seu pacifismo militante. Objetivava ressaltar esses valores através de experiências e demonstrações. Contudo, fiquemos nisso: *de mortuis nil nisi bene* – dos mortos, deve-se falar só o bem. Pois Mirin Dajo está morto. Morreu depois de engolir um instrumento perfurante, parecido com punhal, para provar que poderia "desmaterializá-lo". Em vão os médicos o haviam prevenido. E então tiveram de operá-lo, sem obterem o desejável resultado. Finalmente o autopsiaram, o que lhes possibilitou, nesse caso concreto e isolado, a emissão de um parecer realmente completo, incluindo o resultado da autópsia. O caso é trágico e o fato, de maneira nenhuma, pode ser invocado como modelo de ação. Na verdade se lê na Bíblia que um dia as espadas se converterão em arados. Mais de nenhum modo se presta serviço à paz mundial, como Mirin Dajo o tinha desejado fazer, atravessando o peito com um florete.

O poder da mente pode ser demonstrado por meios mais convincentes e menos perigosos. Serve-se menos ao espírito, e o domínio do espírito é menos promovido no mundo a partir de sessões espíritas e conjurações de espíritos. O espírito *existe*. Mas esse espírito na verdade tem algo melhor a fazer do que atirar objetos por quartos obscurecidos, e esse espírito de cuja realidade também o ser humano faz parte absolutamente nada tem a ver com mesas que se movem. Parece-me, isso sim, que com semelhantes práticas a realidade espiritual do indivíduo, e o que há de efetivamente espiritual no mundo, face ao ser humano despretensioso, simples e de bom-senso, seria antes desacreditada do que promovida. E para promovê-la temos hoje redobradas razões.

O QUE DIZ O PSIQUIATRA SOBRE A ARTE MODERNA?

Quando se faz a pergunta sobre o que diz o psiquiatra acerca da arte moderna, surge uma outra pergunta: Teria o psiquiatra o direito de falar sobre algo como arte moderna? Em suma, teria ele qualificação para versar sobre esse tema? Sobre arte moderna certamente já muito se tem falado, tanto no sentido de mera conversa como no de comentário apreciativo autêntico. E tanto se tem falado a favor dela quanto em contrário. Destarte, talvez tenha ela marcado presença como que na situação de ré. Seria mesmo algo tão insólito que – após a leitura de tantos libelos acusatórios – fosse colhido um parecer, um parecer psiquiátrico, o parecer de um especialista em psiquiatria?

Todavia, já nesse ponto nos deparamos com o primeiro problema. Ocorre que o psiquiatra *não é* nenhum perito, pelo menos no que concerne ao aspecto da arte. O que ele efetivamente é não deve ser confundido com habilitações alheias à sua profissão. Ele é um entendedor de pessoas. Na condição de psiquiatra nada compreende do objeto da arte moderna. Entende, isso sim, da pessoa do respectivo artista. E, pelo conhecimento que possuo de personalidades artísticas, poderei, se me permitirem, ser indiscreto e conversar a partir de minha experiência de consultório para revelar o que se segue. Conheço uma série de artistas modernos em elevado grau. E devo declarar que alguns deles – avaliados sob o aspecto médico-psiquiátrico – apresentam personalidade perfeitamente normal (sequer cheguei a conhecê-los na condição de pacientes).

Por outro lado, no transcorrer dos anos, cheguei a conhecer uma série de pintores neuróticos ou psicóticos e, seja dito a bem da verdade, eles de regra produziam quadros indiscutivelmente realistas e naturalistas[12]. Mas o *diagnóstico* acerca de eventuais perturbações psíquicas eu o fiz com base em *sintomas* clínicos e decididamente não me teria ocorrido jamais diagnosticar uma perturbação mental a partir de um determinado *estilo* artístico.

Eis que nos encontramos frente a uma segunda pergunta: Será válido deduzir, a partir de uma obra artística, conclusões acerca do respectivo autor? Na verdade, profusamente se tem tentado fazê-lo. Mas tentativas dessa ordem preponderantemente têm sido feitas por psiquiatras amadores, psiquiatras diletantes. Lembra-me isso em especial o caso de jornalistas e críticos de arte que consideram de bom-tom hoje deitar falação à guisa de crítica teatral, sobre o Complexo de Édipo e outros complexos.

Objetar-se-á que não poucos artistas modernos sempre voltam a dizer que trabalham sob a influência do inconsciente ou algo semelhante. Suscitam eles uma terceira pergunta a propósito do tema: O que dizer das assim denominadas produções automáticas do inconsciente? Dizia eu que alguns críticos de arte se dão ares de psiquiatra. Chegou o momento de se afirmar que alguns artistas aparentemente entram no jogo desses críticos e se portam de maneira esquizofrênica, a tal ponto que parecem verdadeiros autômatos do inconsciente. No entanto, e aqui falo de novo como psiquiatra, representam mal esse papel.

Perguntaria alguém como é que seriam realmente as pinturas de verdadeiros doentes mentais. A esse respeito seria oportuno considerar algo que, no meu parecer, não tem merecido a devida atenção. Refiro-me ao fato de que todas as produções artísticas, ou tidas como tais, de pessoas mentalmente enfermas, colecionadas

---

12. Na residência do diretor do estabelecimento para dementes de Antuérpia vi quadros que, à exceção de apenas um, haviam sido executados no estilo mais moderno. O quadro impressionista era o único de autoria de um paciente.

por estabelecimentos ou expostas por ocasião do Primeiro Congresso Mundial de Psiquiatras em Paris, não eram apenas expostas, mas também selecionadas. E a seleção certamente tivera por critério dominante o aspecto da extravagância, da excentricidade. Ora, em sua maior parte tais produções, que tenho visto ao longo dos anos de atividades em clínicas psiquiátricas, eram – devo dizê-lo – muito triviais. Inegavelmente no entanto, no que concerne ao conteúdo, por exemplo, à escolha do tema, a influência da perturbação mental sempre se trai. Mas, no que diz respeito à forma, ao estilo, nós psiquiatras reconheceríamos quando muito uma maneira característica, relacionada a determinadas formas de epilepsia, que é a tendência de repetir adornos estereotipados.

Não se pode ignorar que a qualificação acadêmica de um pintor lamentavelmente não implica imunidade contra doenças mentais. Um verdadeiro pintor, um artista autêntico, também ele pode adoecer de psicose. Na hipótese mais favorável, com sorte em meio à desgraça, seu talento artístico poderá conservar-se inalterável e manter-se inalterada a sua produção. Se isso acontecer, terá acontecido apesar da psicose, jamais em consequência da psicose. Doença psíquica nunca é produtiva por si mesma, ou criativa. Criativa só pode ser a mente do ser humano, mas não a doença da "mente", a assim denominada doença mental. A mente humana poderá, no entanto, em conflito com o destino terrível chamado doença mental, realizar o máximo em energia criativa.

Sempre que isso se verifica não se deve cometer o erro em contrário. Assim como não se pode atribuir à doença como tal qualquer energia criativa, não se poderia tampouco opor a realidade de uma doença mental ao valor artístico de uma criação. Sobre valor ou desvalor, sobre verdadeiro ou falso, não cabe ao psiquiatra decidir. Se a cosmovisão de um Nietzsche é verdadeira ou falsa, nada tem isso a ver com a sua paralisia; se os poemas de um Hölderlin são bonitos ou não, nada tem a ver com a esquizofrenia. Certa vez enunciei isto, dizendo: "2 x 2 = 4, também quando dito por um esquizofrênico"[13].

Resta saber se a arte moderna tem algo em comum com as produções (intencionalmente não digo com as "criações") de pessoas efetivamente enfermas da mente e o que tal denominador comum possa representar. A resposta seria que não poucos doentes mentais, em determinado sentido, encontram-se em situação semelhante à do artista moderno: o doente se julga subjugado pela experiência de "mundos nunca vividos", como Storch o formulou com elegância. E, frente ao estranho e terrível que com ele acontece, esgrima com a expressão verbal e nessa luta as palavras do linguajar cotidiano lhe são insuficientes. Assim sendo, cria novos vocábulos e essas novas formações vocabulares, ditas neologismos, são para nós psiquiatras um sintoma bem conhecido de determinadas psicoses. Algo parecido é o que ocorre com o artista moderno, que se depara com uma problemática intensa – nada mais e nada menos do que a problemática da nossa época! – para a qual as formas tradicionais se mostram inadequadas como veículo de expressão. É milagre estar ele à procura de novas formas? O denominador comum que procurávamos encontra-se, portanto, na carência expressiva, na crise de expressão de que ambos, tanto o doente mental como o artista contemporâneo, se ressentem.

Essa comunhão de carência de formas não é de ser debitada aos artistas como erro intencional. Ela não é nenhuma ignomínia. Em primeiro lugar, porque em todos os tempos se têm registrado tais crises de expressão. *Cada* época teve o seu "moderno"! E, em segundo lugar, existe uma crise de expressão em toda parte, vista

---

13. Cf. FRANKL, Viktor E. *Psychotherapie und Weltanschauung – Internationale Zeitschrift für Individualpsychologie*, set. 1925: "Pois de saída não é naturalmente estabelecido que aquilo que não é 'normal' seja também falso. Pode-se afirmar, do mesmo modo, que Schopenhauer contemplou o mundo através de óculos escuros e, ainda, que ele o viu corretamente, mas que os demais seres humanos normais usam lentes cor-de-rosa. Em outras palavras, que a melancolia de Schopenhauer não iludia, mas a vontade de viver dos sujeitos sãos os mantém presos na ilusão de um valor absoluto da vida".

sob o prisma do espírito, ou seja, no campo da vida espiritual. Ou seria ela pouco demonstrável na filosofia moderna e, ainda menos, na moderna psiquiatria?

Conhecido é o estilo pesado e as muitas variantes vocabulares novas de que é, por exemplo, acusado Martin Heidegger. Há algum tempo permiti-me fazer uma experiência no sentido de apresentar, numa preleção, duas séries de três frases com a observação de que as primeiras três eram tiradas de uma obra de Heidegger, e as outras eu tinha estenografado no mesmo dia em conversa com uma paciente esquizofrênica. Pedi ao auditório que por votação decidisse quais eram as frases extraídas do livro do conhecido filósofo e quais as que provinham da paciente mentalmente perturbada. E posso denunciar este fato: a esmagadora maioria de meus ouvintes havia tido como esquizofrênicas as palavras do grande filósofo e vice-versa. E eram as palavras de um filósofo do qual o eminente psiquiatra suíço Ludwig Binswanger certa vez dissera que com uma única frase Heidegger teria legado bibliotecas inteiras ao reino da história.

Admitamos que efetivamente isso corresponda à verdade. Não teria sido necessário que Heidegger cunhasse palavras novas para realizar tal feito histórico? Se não o satisfaziam os velhos conceitos, essas moedas desgastadas, tal fato se deverá lançar à conta dos recursos do nosso idioma, porém de modo algum seria oponível ao filósofo e ao estilo característico de sua linguagem.

Ao cabo dessa digressão sobre a carência expressiva do artista perguntemos, para finalizar, até que ponto se pode levar a sério a arte moderna. Quero salientar que essa pergunta, neste lugar, só e unicamente deve ser respondida se e enquanto o psiquiatra puder contribuir para solucionar o que realmente está em questão! O que significa, nessa perspectiva, levar a sério? Significa reconhecer algo como sendo autêntico. E, relativamente à questão da autenticidade, poderá efetivamente o psiquiatra ter algo a dizer e participar do debate. O que eu tenho a mostrar seria o seguinte: É possível, sem dúvida, que um ou outro elemento estilístico, que caracteriza a arte contemporânea, foi originariamente moldado por alguma personalidade artística psiquicamente doentia. Além disso, talvez precisamente a tais pessoas afetadas em seu psiquismo e em suas criações seja inerente determinada força sugestiva que logo tenha por efeito criar uma moda. No entanto, onde há uma moda, onde algo se torna moda, ali, mais cedo ou mais tarde, entram os oportunistas. Entre estes há os que não levam a sério nem a arte, nem o público, nem a si mesmos, pensando ao contrário que o mundo esnobe quer ser enganado – e que o seja.

Não obstante, há de reconhecer-se o que para mim, como psiquiatra, não há dúvida: que entre os artistas modernos, e também entre os que se distinguem pelas criações mais ousadas, sempre há os que merecem incondicionalmente ser levados a sério por sua autenticidade. Quem alguma vez pudesse, como eu, dar o seu testemunho, como psiquiatra clínico militante, da luta interior de pacientes produtivos para dar expressão a suas intenções artísticas há de concordar com o que estou dizendo. Quem, como eu, foi testemunha de como um artista somente após o centésimo projeto se deu por satisfeito com o seu trabalho, ou como somente a décima execução logrou ser aprovada por sua consciência de artista, há de convir que deverá ser mais cauteloso em seu julgamento e mais reservado em suas críticas precipitadas. Reconhecerá, como eu, que até mesmo aquilo que, à primeira vista, poderá impor-se como uma arbitrariedade irrompeu de uma necessidade interior.

Não sei como se poderia avaliar o percentual desses artistas autênticos e também não me cabe ocupar-me com essa questão. Bastaria, por certo, que existisse apenas um único desses artistas autênticos, apenas um único artista autêntico entre os artistas modernos, para que valesse a pena aprender a distinguir entre autêntico e inautêntico e abster-se de condenar levianamente e em bloco a arte moderna, e com esse objetivo ainda envolver a psiquiatria.

O MÉDICO E O SOFRIMENTO

É evidente que o médico se confronta, de modo constante, com o sofrimento humano. Menos evidente talvez possa afigurar-se a obrigação que lhe incumbe de distinguir entre duas espécies de sofrimento: o sofrimento necessário e o desnecessário. Desnecessário é todo sofrimento que pode ser afastado com tratamento, meios terapêuticos, ou que pode ser evitado pela prevenção das doenças, através da profilaxia ou da higiene. O médico pode afastar um sofrimento quando remove a causa da dor, por exemplo, a partir de uma operação. Trata-se, então, de uma forma cirúrgica radical de curar uma doença. Todavia, não devemos esquecer que nem sempre a causa da dor pode ser afastada e que nem todas as doenças são curáveis. Mas também nessa hipótese há para o médico uma tarefa a desempenhar. Também ali, onde ele não possa remover a causa das dores, pelo menos deverá mitigar as dores do paciente. Isso acontece em geral não por meios cirúrgicos, mas, via de regra, com o auxílio de medicamentos.

E aqui nos encontramos frente ao primeiro problema, que se relaciona com o alívio das dores suportadas por doentes incuráveis. Até que ponto tal meta deverá ser perseguida a qualquer preço? É perfeitamente concebível que um médico entenda ser tarefa sua, por exemplo, aliviar as dores de seu paciente ao preço de lhe abreviar a vida. Aqui nos deparamos com o problema da eutanásia, da ajuda no apressamento da morte, da morte piedosa. É claro que a eutanásia é proibida e já me foi possível, em outra ocasião e neste mesmo lugar, dizer por que deverá continuar proibida. A eutanásia de ordinário tem sido realizada mediante medicamentos (da forma brutal de supressão com gás da assim chamada "vida sem valor" já não precisamos falar). Há, no entanto, outro procedimento, que não é o da via medicamentosa. Existe ainda a tentativa de se obter sedação da dor por meios cirúrgicos. Estou pensando particularmente naquela operação do cérebro que se designou como leucotomia ou lobotomia. Tal procedimento cirúrgico consiste em praticar um corte entre o tálamo ótico e o lobo frontal. O resultado da intervenção é que o paciente, apesar de as dores continuarem a existir, não sofra mais com elas. A experiência do sofrimento é como que subtraída da situação de dor.

É comum um paciente, após ser submetido a uma leucotomia ou lobotomia, mostrar uma certa falta de iniciativa e de interesse. Tal risco, porém, é conhecido de antemão – e até planejado, em especial em se tratando de determinados distúrbios psíquicos. Todavia, nos casos que ora comentamos, a indicação de um procedimento cirúrgico diz respeito a situações de dor, tratando-se de sedar dores inatacáveis por outros meios, sendo a alteração de caráter em grau pouco elevado intencionalmente aceita. Quando poderia o médico dispor-se a levar em conta essa mudança de caráter, esse embotamento afetivo? Poderá fazê-lo a qualquer preço? Certamente não. Ele o pode unicamente ali onde a desvantagem que resultaria da doença e das dores dela decorrentes é maior do que a desvantagem inerente ao embotamento sensitivo em referência. Vale dizer, em cada caso deverá o médico, antes de decidir-se quanto à intervenção, avaliar os pequenos e grandes malefícios envolvidos, confrontando-os com o mal menor. Que haja sempre um mal relacionado com a sedação da dor fica-se sem saber. Quando me disponho, digamos, face a um câncer irremovível através da operação, suavizar as dores de outro modo inafastáveis, ministro morfina ao doente; eu o exponho igualmente a uma desvantagem, optando, no entanto, por um mal menor. Em determinadas circunstâncias pode a desvantagem do ato que pratico através da morfina ser até maior do que o provavelmente resultante de uma leucotomia. Pois, através de elevadas doses de morfina, o paciente é mantido em permanente estado de atordoamento, que, no caso da leucotomia, não entra sequer em cogitação.

Vimos que o sofrimento pode ser afastado do homem ao se remover as causas da dor e que, mesmo sendo impossível remover suas causas, a dor pode ser sedada e o sofrimento afastado. Mas o que acontecerá, no entanto, se nada mais pudermos fazer para afastar de uma pessoa os sofrimentos, como seja, quando ela própria, nem ativa nem passivamente (isto é, consentindo em ser operada), possa contribuir no sentido de libertar-se dos sofrimentos? E quando, em outras palavras, tal sofrimento se converte num destino e ao mesmo tempo se torna impossível modificar esse destino, justamente porque nada pode ser feito para afastar o sofrimento? Ora, onde já não se puder dominar o destino, a regra do jogo é outra. Em tal situação é imperioso assumir a realidade desse destino. Para ficarmos no exemplo anteriormente comentado, digamos que, naqueles casos em que se comprovou impraticável atacar a doença mediante intervenção cirúrgica, não há de se exigir do paciente que tenha *ânimo* para se operar e enfrentar a ansiedade pré-operatória. Ao contrário, algo bem diferente dele se pede, face ao sofrimento imutável. Dele se pede a *humildade* de aceitá-lo, de assumi-lo. Diante de um destino inexorável, em que não me é dado acudir com um fazer e, portanto, estou impotente para enfrentá-lo por meio de uma *ação*, devo chegar até ele com a *atitude* correta. Isso significa que não existe apenas um sofrimento desnecessário que se possa afastar, cuja causa possa ser eliminada, mas também um sofrimento necessário, um sofrimento inevitável, imposto pelo destino. E nem nessa conjuntura o sofrimento deixará de ter sentido. O sentido se aloja na atitude que mantemos face ao mesmo. O sentido reside na maneira de assumirmos o destino, na postura com que nos conformamos com tal sofrimento e no modo como o suportamos. Exatamente nisso subsiste a possibilidade de plenificarmos um sentido e investi-lo em nosso viver. Numa palavra, fica assegurada, também ao indivíduo sofredor, incurável e sem perspectivas outras, uma última oportunidade de saber que até mesmo o seu sofrimento tem sentido.

Contudo, disse eu "uma" oportunidade, como se fosse uma oportunidade qualquer. Na realidade, ela é a mais alta oportunidade de realização do sentido que possa ser outorgada ao ser humano. Foi Goethe o autor deste sábio dizer: "Não existe situação que não se possa enobrecer, seja realizando, seja suportando". É válido acrescentar que o sofrimento verdadeiro, o sofrimento reto de um destino autêntico, não é apenas por si mesmo uma realização, mas o feito mais arrojado que o ser humano consegue levar a termo. E que esse feito consista apenas em que essa pessoa "realize" a renúncia que o destino lhe pede.

Seja-me concedido reapresentar-lhes, à guisa de exemplo, um fato que remanesce na memória do meu passado profissional e que, no meu entender, encerra preciosa lição. Uma enfermeira que trabalhava à época na minha seção de neurologia tem de ser operada por motivo de um tumor no estômago. No entanto constata-se, durante o ato cirúrgico, que o tumor não pode ser removido. Em seu desespero, a enfermeira solicita a minha presença. Na conversa que mantemos comprova-se que não é propriamente a doença o motivo principal de seu desespero, e sim a sua incapacidade para o trabalho. Ela ama sua vocação sobre todas as coisas. Agora, porém, não pode exercitá-la e é esse o motivo do seu desespero. Sua situação era efetivamente sem perspectivas (uma semana depois viria a falecer). Apesar disso, procuro tornar-lhe claro o seguinte: "Que a senhora trabalhe oito e, sabe Deus, quantas horas diárias não é nenhum feito extraordinário. Nisso alguém em breve poderá imitá-la. Mas disposta como é para o trabalho e, contudo, incapaz de realizá-lo, obrigada a renunciar ao que mais ama e todavia não desesperar, isto sim é uma realização em que tão cedo ninguém a poderá superar. E diga-me, não estaria sendo injusta para com aquelas milhares de pessoas a cujo serviço consagrou a sua vida como enfermeira, portando-se como se a vida de um doente e inválido, de uma pessoa incapaz para o trabalho, fosse destituída de sentido? Se desesperar em sua situação, procede como se o sentido de uma vida humana se cifrasse no número de horas trabalhadas. Com isso, porém, negaria a todos os doentes e inválidos todo direito à vida e toda a validade de sua existência. Na realidade, exatamente agora possui uma oportunidade singular. Conquanto não tenha podido oferecer às pessoas que lhe eram confiadas mais do que uma assistência servical, neste momento lhe é possível ser mais para eles: um paradigma humano".

Inegavelmente se poderia questionar se essas palavras foram proferidas por mim na condição de médico. Afinal, diante de uma situação em que como médico já não lhe poderia valer, esforçava-me por ajudá-la simplesmente como ser humano, para falar de pessoa a pessoa e, digamo-lo tranquilamente, consolar a outra pessoa. E por que deveria tal procedimento ser qualificado como não médico? Não me é lícito desconhecer que no frontispício do grande Hospital Geral de Viena há uma tabuleta e nela se insculpiu o texto da dedicação com que o Imperador José II entregou aquele nosocômio à sua destinação. Ali se lê: *Saluti et solatio aegrorum – et solatio!...* "Não somente para a cura, mas também para o consolo dos doentes...!" Do exposto se infere que não apenas o psicoterapeuta (ele certamente com maior razão e de forma toda especial) mas o médico como tal não exaure a sua missão perseguindo tão só ambas as metas, a de tornar seus pacientes aptos para o trabalho e de os tornar, além disso, aptos para a fruição da vida. Incumbe-lhe também torná-los aptos para o sofrimento. Releva ajudá-los a assumir e suportar o ônus do sofrimento necessário, por inafastável e inevitável.

Não se pode ignorar que os meios que as ciências naturais nos propiciam, por si sós, não direcionam o ser-médico para tal tarefa específica. Com a ajuda do equipamento científico que as ciências da natureza nos colocam nas mãos poderei certamente amputar uma perna. Todavia, com a "pura" ciência não poderei jamais evitar que o respectivo paciente da amputação, após ser esta efetivada, ou talvez antes disso, se mate, desesperançado de ver sentido em viver com uma perna só. Um cirurgião, por exemplo, que queira evitar de se envolver com coisas como – usemos sem constrangimento a expressão – cura de almas, dando aos seus pacientes uma palavra de conforto sempre que se tenham esgotado ou inexistam razoáveis perspectivas de socorrê-los, como cirurgião, e que quisesse desistir de fazê-lo, não deveria ficar surpreso se um paciente seu destinado à operação, às oito horas da manhã seguinte, não fosse encontrado na mesa de cirurgia e sim na sala de autópsia, por ter se suicidado na noite da véspera. É óbvio que esse suicídio seria injusto e desmotivado, uma vez que uma vida cujo sentido estivesse a depender do uso das duas pernas seria inequivocamente irrealizada. Pode, todavia, ocorrer que se deva, em poucas palavras, clarificar para um paciente desesperado tal realidade, porquanto, em seu desespero, a visão dos fatos se turvou e ficou sensivelmente reduzida. Inquestionavelmente é possível ser médico sem tudo isso. Mas há de ter-se claramente em conta que não se distingue ele, no caso, do veterinário, salvo pela diferença da clientela.

SERIA O SER HUMANO PRODUTO DA HEREDITARIEDADE E DO MEIO AMBIENTE?

É deveras tragicômico o modo como se procura, nos dias atuais, analisar a miséria da nossa época e solucionar a crise espiritual do indivíduo e da massa. De que forma se pretende proceder? Parte-se do pressuposto de que o ser humano, em última análise, não passa de um produto de dois fatores, de duas forças e potências: a hereditariedade e o meio ambiente. Ambos os fatores podem ser designados como herança e meio, ou, como em tempos idos se usava expressá-lo, sangue e solo. Todas as tentativas de visualizar a problemática humana por esses dois ângulos ficou, ultimamente, condenada a fracasso por este singelo motivo: o que existe de singular no ser humano, ou seja, o indivíduo como tal, escapa de tais tentativas de abordagem reducionista. O ser humano não se deixa prender na malha fina dessa conjectura e muito menos se submete a pretensas mudanças na estrutura do seu ser. Não convém esquecermos que o especificamente humano que existe no sujeito continua ausente na imagem que dele formamos enquanto se insista em reduzi-lo a um produto, como se mais não fosse a pessoa em seu comportamento do que a resultante de um paralelogramo de forças externas, cujos componentes se denominam hereditariedade e meio ambiente.

Incontestavelmente depende o ser humano de sua constituição básica e do meio em que vive, e somente no espaço que esses dois fatores lhe reservam poderá livremente mover-se. Mas dentro desse espaço ele se movimenta como ser livre. Não perceber essa liberdade ou ignorá-la na percepção e no tratamento do sujeito, ou permitir que o próprio indivíduo se esqueça de que é livre, tudo isso não acontece impunemente. É que não está em nós alterar a constituição básica e, quanto ao meio ambiente, só em parte e não de imediato poderemos transformá-lo. Portanto, estaríamos francamente à deriva, levados pela torrente do fatalismo, se fizéssemos de conta que unicamente a hereditariedade e o meio seriam os componentes de um jogo de forças denominado ser humano. Seria incorrer no equívoco de decidir sobre a sorte e a vocação da pessoa sem consultar a própria, desconsiderando a sua essência radicalmente espiritual e, portanto, livre, e por isso responsável. A liberdade humana é rebelde ao jogo do "fazer de conta". Devemos apelar para ela, convocá-la a que afirme as suas prerrogativas frente à dominação da hereditariedade e do meio ambiente. Convocá-la, sim, a fim de que acione o poder de obstinação do espírito, a que anteriormente nos referimos.

E o ser humano *possui* esse poder. Apenas os mais exatos resultados de pesquisa científica têm confirmado e clarificado a liberdade do sujeito. Tal fato foi implicitamente apontado pelo conhecido pesquisador de genética Friedrich Stumpfl, ao indicar que, após o descomunal alvoroço em torno da assim denominada psicologia profunda, da psiquiatria, das pesquisas sobre a hereditariedade e o meio ambiente, o resultado se revelou deveras desconcertante. Acreditávamos, diz Stumpfl, sermos capazes de mostrar o ser humano, mediante a pesquisa, na sua sujeição e no seu condicionamento a impulsos, herança, meio e estrutura corporal, como sendo produto de sua constituição básica e do meio ambiente. E com o que nos deparamos ao cabo de tantos anos de esforços? Esta é a interrogação que a si mesmo faz aquele pesquisador e nos fornece esta surpreendente e reveladora resposta: a imagem do homem em sua liberdade.

Vamos nos deter, com vistas à mesma temática, ao caso dos gêmeos que o famoso pesquisador da hereditariedade Professor Lange certa vez comentou. Gêmeos univitelinos apresentavam ambos as mesmas características hereditárias. A partir daquilo que denominamos constituição básica, um dos irmãos gêmeos tornou-se delinquente refinado e astucioso. E o que veio a fazer de si mesmo o seu irmão, a partir das mesmas "predisposições" hereditárias? Também ele era extraordinariamente refinado e esperto, mas não na condição de criminoso e sim na de criminalista. Parece-me que essa distinção entre criminalista e criminoso é altamente decisiva. E a diversidade desses dois caminhos de vida dependera da decisão de um e de outro. Foi feita tal decisão, em que pese a identidade de origem e de iniciação. Vamos, pois, fixar-nos num terceiro fator. Além da constituição básica, do meio ambiente e da hereditariedade, existe a decisão do ser humano, e esta o eleva e o projeta além de suas contingências.

Permitam que me reporte a um caso por mim testemunhado. Uma paciente gravemente neurótica fala-me sobre a sua irmã gêmea. Mais uma vez se trata de gêmeos univitelinos, pessoas, portanto, de idênticas características de origem. Tal fato podia ser notado por qualquer leigo. A paciente relatou-me que ela e sua irmã possuíam o mesmo caráter e as mesmas preferências até nos menores detalhes e nuances, seja no que tange aos compositores prediletos, seja em relação aos homens. Apenas uma diferença existia entre as irmãs: uma era neurótica e a outra bem disposta e ativa, nem mais nem menos do que isso. Mas essa diferença nos dá o direito de transpor a barreira do fatalismo, repelindo a crendice da força do destino e da tendência à passividade conformista. Se assim fosse, que estímulo teríamos nós para, apesar da constituição básica e das contingências do meio ambiente, apostarmos tudo, seja como educadores, seja como médicos, em favor da liberdade humana, onde quer que ela esteja em causa? Talvez também suceda que as características hereditárias em si mesmas não significuem nenhum valor ou desvalor, mas que nós podemos transformar uma predisposição inata em qualidade positiva ou negativa sob o aspecto do valor. Se assim for, razão tinha Goethe também sob os aspectos biológico e psicológico e sob o aspecto da pesquisa da hereditariedade, quando em sua obra *Wilhelm Meisters Wanderjahren* diz: "Por natureza não possuímos nenhum defeito que não possa transformar-se em virtude, e nenhuma virtude que não possa transformar-se em defeito".

Isso quanto à dependência do ser humano frente à hereditariedade. O que diríamos, no entanto, sobre o segundo fator, que determinaria o sujeito por força do destino de modo a excluir – ao que se pensa – toda e qualquer pretensão à liberdade como tal? O que dizer da influência do meio ambiente? Acaso se confirmaria o que Sigmund Freud certa vez afirmara? "Procure-se", dizia ele, "expor à fome, ao mesmo tempo, um grupo de pessoas altamente diferenciadas. Na medida em que aumentar a necessidade de alimentação, desvanecer-se-ão todas as diferenças pessoais e em seu lugar ficará evidente o impulso uniforme da fome". Todavia, é preciso atentar-se para o fato de que a nossa geração passou pela experiência a que ele alude. E não há qualquer exagero em afirmar-se que isso ocorreu milhões de vezes, em acampamentos de prisioneiros e em campos de concentração. E o que afinal nos foi dado constatar – como último dado dessa experiência – à luz do que ouvimos do Professor Stumpfl sobre o resultado final de sua pesquisa sobre hereditariedade? O resultado dessa experiência coletiva não intencional para a pesquisa da influência do meio foi o mesmo. Aquilo que nos fora reservado experimentar e testemunhar confirmava mais uma vez o poder de decisão do ser humano. Tudo podia ser tirado do prisioneiro de guerra e do confinado em campo de concentração. Uma coisa, porém, não era possível subtrair ao seu domínio: a liberdade de se posicionar desta ou daquela maneira frente às circunstâncias dadas. Existia uma maneira ou outra. De modo algum, todos se "animalizaram" sob a pressão da fome, conforme se ouve contar com tanta frequência e leviandade. Houve indivíduos que cambaleavam através de barracas de alojamento e por cima de locais de chamada e distribuíam aqui uma boa palavra e ali um último pedaço de pão aos seus companheiros. Esse fato pode ser confirmado por quantos prisioneiros de guerra tenham sobrevivido ao respectivo campo. Diante disso já não se ousaria sustentar que a prisão, que o campo de concentração, que, enfim, influências ambientais sejam quais forem, determinem o ser humano em seu comportamento de modo uniforme e inevitável.

Foi precisamente nas prisões e nas situações de fome que ficou renovadamente demonstrado ser o comportamento dependente da força interior da respectiva pessoa. Tal experiência recebeu recente confirmação a partir de relato de um psiquiatra norte-americano, o qual tentara pesquisar a causa de soldados norte-americanos, tornados prisioneiros de guerra no Japão, se manterem vivos e interiormente íntegros. Dos fatores que haviam contribuído para sobreviverem nos campos de prisioneiros fazia parte a circunstância de alguém possuir visão positiva da vida e do mundo. Afinal, essa experiência se casa com a sabedoria de uma frase de Nietzsche assim enunciada: "Quem tiver um por-que-viver suporta quase sempre o como-viver". A esse "como" pertence a fome. Seria indicado trazer ao debate aquelas três dúzias de estudantes que se colocaram voluntariamente à disposição da Universidade de Minnesota para a realização de experimento com meio ano de duração, no qual ficaram sujeitos a rações de fome, semelhantes às que no último ano da guerra eram usuais na Europa. No transcurso do experimento os estudantes eram constantemente submetidos a exames psicológicos e somáticos. Logo ficaram irritados como pessoas famintas costumam ficar. E, ao cabo de meio ano, muitos deles se encontravam à beira do desespero. Contudo, sem embargo da possibilidade de a qualquer momento caírem fora, nenhum sujeito do experimento desistiu. Também aqui tornamos a ver que, em se tratando de um porquê, tendo-se em mira um para quê, pode a pessoa ser mais forte do que circunstâncias externas e condições internas. Possui o poder da obstinação contra elas e, no espaço que o destino lhe reserva, a pessoa é livre.

Essa sua liberdade é comprovada pela ciência moderna e, outrossim, pelos dados exatos das ciências naturais, como também confirmada pelos resultados de pesquisa médica. Conquanto sempre de novo se ouça falar e se proceda como se os fatos da experiência clínica, como se a pesquisa da hereditariedade e do cérebro, a biologia, a psicologia e a sociologia houvessem comprovado quão dependente e fraco seria o espírito humano, o contrário é exatamente o que transparece: consequentes do princípio ao fim, pelo menos os resultados das pesquisas clínicas avalizam o *poder de obstinação do espírito*. Depois como antes, hoje como há 109 anos [sic], quando foram escritas, são válidas as palavras de um dos corifeus da Escola de Medicina de Viena, o Barão von Feuchtersleben. Diz ele: "A medicina tem sido censurada de favorecer uma tendência para o materialismo, isto é, uma cosmovisão que nega o espírito. Mas tal censura é injusta. Ninguém *melhor* do que precisamente o médico há de reconhecer a fragilidade da matéria, mas também o poder do espírito. E, se *não* chegar a reconhecê-lo, não culpe a ciência, mas a si mesmo, porquanto não a aprendeu com suficiente profundidade".

PODE A ALMA SER MEDIDA E PESADA?

Reiteradamente tenho apontado o fato de que o leigo possui uma concepção equivocada das questões psiquiátricas. Entre as perguntas que geralmente formula encontra-se a que diz respeito ao estabelecimento de fronteiras entre o psiquicamente são e normal, e o psiquicamente patológico ou anormal. Depreende-se daí que o leigo não somente esquece que tais fronteiras de um modo geral são extremamente difusas, mas habitualmente imagina que o médico especialista em psiquiatria costuma estabelecer tais fronteiras com muita liberalidade. E isso implica acreditar que o psiquiatra tende a considerar e caracterizar como patológico aquilo que o leigo tem como perfeitamente normal. Na realidade, é bem o contrário que acontece: o psiquiatra costuma fixar os limites do que é patológico, doentio, com muito rigorismo e em contornos mais apertados do que o leigo talvez imagine.

Entre os inúmeros preconceitos e equívocos que o leigo tem em relação ao psiquiatra, encontra-se também a interpretação errônea do papel que, nas investigações psiquiátricas, cabe ao exame ou sondagem de disfunções psíquicas e à exploração ou perquirição do fundamento ou substrato psíquico. A tal suposição corresponde o fato de o leigo geralmente imaginar que um exame psiquiátrico consiste predominantemente num teste de inteligência. Tal suposição é totalmente infundada ou, no mínimo, antiquada. Seria um tanto ousado de minha parte afirmar que, no mínimo, a maneira com que um teste intelectual é aplicado se constitui em fator indicativo não da inteligência do sujeito testado, mas muito mais da inteligência do aplicador do teste. Todavia, será necessário realizarem-se testes de inteligência em determinadas situações. Imagine-se, por exemplo, o psiquiatra na presença de um paciente que aparenta um certo grau de imbecilidade, ou então um processo de demência. Conforme as circunstâncias, o psiquiatra passará então ao assim chamado questionário de discernimento, com o fito de encontrar um ponto de referência sobre o grau ou a medida do atraso intelectual do paciente. O referido questionário de discernimento é formado de perguntas como esta: Em que consiste a diferença entre uma criança e um anão? Ao que penso, ninguém duvidará da escassez de inteligência desse paciente se ele responder à pergunta sobre a diferença entre uma criança e um anão: "Meu Deus, doutor, uma criança afinal é uma criança e um anãozinho trabalha numa mina".

Em outras ocasiões será necessário testar a capacidade de atenção do paciente. O procedimento adotado geralmente é este: Em meio à conversa convida-se o paciente a fixar na memória uma data. Sempre aconselho aos ouvintes de minhas preleções clínicas que se habituem a apresentar ao paciente a data do próprio aniversário, porque pelo menos uma vez me aconteceu que no tumulto do trabalho me esquecesse da data que propusera ao paciente, de sorte que no fim não me foi possível controlar se também o paciente tinha se esquecido da data, ou somente eu.

Todavia chegar-se, com a ajuda desses ou de outros testes, a uma compreensão significativa do núcleo da personalidade é hipótese destituída de qualquer apoio na realidade. Ninguém de menor prestígio do que o Professor Villinger com ênfase apontou, numa de suas publicações, a incerteza inerente a todos os métodos de teste, chamando atenção para o perigo das interpretações arbitrárias. O perigo e a insegurança dos resultados dos testes é menor, segundo ele, nos testes de inteligência e de aproveitamento. A arbitrariedade das interpretações é maior nos testes de aptidão, indispensáveis ao aconselhamento vocacional, e se torna imprevisível nos testes de personalidade. Aquele que procura alcançar o significado da personalidade com a ajuda de testes corre o risco de ficar à mercê de uma pseudoexatidão, de uma cientificidade de aparências, conforme palavras textuais de Villinger. Essa é a advertência de Villinger contra a confiança em demasia numa exatidão de laboratório, que na realidade não é tão exata assim. Também o psiquiatra de Mogúncia, Professor Kraemer, reconheceu que uma exploração habilidosamente conduzida, uma conversa com o paciente dirigida com conhecimento de causa, dá o mesmo resultado que o uso não raro bem complicado dos métodos de teste. Mas não é apenas uma prolongada observação psiquiátrica que conduz aos mesmos resultados. É digno de nota que o Professor Langen tenha publicado um trabalho em que pôde demonstrar com dados estatísticos que o diagnóstico psiquiátrico conclusivo, após observação dos doentes mentais internados, de duração mais prolongada, em não menos que 80% dos casos correspondia perfeitamente à primeira impressão que o médico tivera numa conversa preliminar com o paciente. Com psicoses (doenças mentais, portanto), esse percentual era de 80%. E com as neuroses, qual seria? Quanto às neuroses, o diagnóstico conclusivo coincidia até mesmo em *todos* os casos com aquele diagnóstico que se obtivera do paciente tão só com base na primeira impressão.

Do paciente, dizia eu. Mais precisamente deveria dizer da singular, única e imutável personalidade que, em última análise, é peculiar a cada ser humano singularmente considerado e, consequentemente, a cada enfermo em particular. Se quiséssemos atingir esse núcleo da personalidade, o absoluto individual desse ser único mediante testes; se pretendêssemos, em suma, ir além de um simples tipo e apreender a pessoa, não poderíamos individualizar o suficiente. Sim, e mais do que isso, propriamente deveria inventar-se antes um teste próprio para cada pessoa e, acrescento logo, para cada situação. É que também não se pode improvisar o suficiente. O exemplo adiante referido deverá ilustrar.

Certa vez fui incumbido de elaborar parecer psiquiátrico sobre a capacidade de um jovem detido. Ele tinha pretextado que um amigo o induzira a cometer ação criminosa, prometendo-lhe a paga da quantia de mil xelins pelo cumprimento do ato delituoso. A justiça queria saber do psiquiatra se aquele jovem efetivamente era tão influenciável e tão crédulo assim. É que seu amigo negara ter tido qualquer participação no ato. Se o examinado efetivamente houvesse sido crédulo a esse ponto, ter-se-ia podido comprovar que apresentava debilidade mental, se bem que em grau leve. Mas os resultados dos testes de modo algum encorajavam indicações nessa direção. No entanto, teria sido admissível, também, que o rapaz em absoluto não fosse débil mental, mas, ao contrário, suficientemente esperto para exculpar-se às custas do amigo. O juiz queria saber se o rapaz era tão tolo que acreditasse na promessa do seu amigo de lhe dar mil xelins, ou tão astuto que pretendesse fazer crer que ele realmente era assim tolo. Os testes de capacidade intelectual, conforme se viu, haviam fracassado. No último momento improvisei, perguntando-lhe se poderia me dar dez xelins, pois eu poderia, com o depósito dessa quantia, conseguir do presidente do tribunal que fosse, na mesma hora, julgada improcedente a denúncia e ele de imediato liberado. Prontamente ele concordou com a proposta e depois não foi nada fácil convencê-lo de que eu não a levara a sério. Ele era crédulo, portanto. Mas a credulidade só pôde ser objetivada por conta de teste improvisado e inventado para esse caso.

Obviamente, é próprio da atualidade julgar a alma humana e mesmo reconhecer a sua existência, se e enquanto algo mensurável e ponderável nela se pudesse encontrar. Schiller, certa feita, dissera: "Se a alma fala, então já ela não fala mais". Diversamente se poderia dizer: "Quando se testa o ser humano, já não é mais o ser humano, pelo menos já não é a sua essência que ali se apreende". Uma psicologia que culmina em método de teste projetou o sujeito da dimensão que lhe é própria para a dimensão do comensurável e ponderável. Ela perdeu de vista o essencial, o próprio do ser humano, a sua personalidade. Mas essa essência talvez já não seja sequer perceptível por vias puramente científicas ou pelos caminhos das ciências naturais, mas necessite de um outro meio de aproximação. Talvez seja analogamente válido também em relação ao indivíduo o que o grande médico Paracelso uma vez dissera: "Quem não reconhece a Deus *ama-o* demasiado pouco". Talvez necessite dessa abertura interior que somente existe numa entrega de amor ao inconfundível "tu" do outro, quando se pode apreendê-lo em sua essência. Amar significa, em derradeira análise, única e exclusivamente, poder dizer "tu" ao outro, apreendê-lo em sua unicidade e singularidade e, além de tudo isso, aprová-lo em seu valor. Logo, não apenas poder dizer "tu", mas também poder dizer "sim" a ele. Com isso mais uma vez se evidencia que é incorreto afirmar que o amor é cego. Ao contrário, o amor é clarividente de forma irredutível. Aguça a visão. O valor que vê, permitindo que resplandesça em plena luz, ainda não é uma realidade, mas mera possibilidade. Algo que sequer é, mas virá a ser, pode ser e deve ser. É próprio do amor uma função cognitiva, a saber, uma função de reconhecimento. Mas também a psicoterapia deve visualizar valores. Não poderá jamais desvincular-se totalmente deles. No máximo poderá estar "cega" em relação a eles.

Assim, pois, partindo da prática psiquiátrica, do exame da inteligência e dos testes, nossas reflexões nos conduziram ao reconhecimento unívoco de que não poderemos atingir a essência do ser humano – portanto, o que existe por detrás de suas funções e de quaisquer disfunções – enquanto nossos esforços no sentido de uma aproximação com o outro se limitarem apenas ao racional ou ao racionalizável. *Vamos lançar uma ponte de homem a homem.* A convocação é válida igualmente em relação à ponte de reconhecimento e de compreensão. Assim *sendo, as cabeças de ponte não devem ser as cabeças, porém os corações.*

Ao referir-me à comprovação estatística e exata, dizia eu que a primeira impressão, inteiramente intuitiva, tem sido confirmada também pelos resultados da observação psiquiátrica posterior. Isso posto, válida também para a metodologia do diagnóstico psiquiátrico, é a minha convicção de que o sentimento pode ser muito mais discernente do que é perspicaz o intelecto.

ANEXO

O LIVRO COMO MEIO TERAPÊUTICO*

Quando se menciona o livro como instrumento de terapia, procede-se com absoluta seriedade clínica. Considere-se apenas que a assim denominada biblioterapia há decênios vem mantendo sua legitimidade no tratamento das neuroses. Ao paciente é recomendada a leitura de determinados livros e de modo algum apenas livros técnicos. O emprego do livro obviamente é programado e sempre amoldado ao respectivo caso.

Em consideração ao fato de que a psicoterapia é essencialmente fundada numa coparticipação entre médico e doente, não há de se falar em substituição do médico pelo livro, nem a biblioterapia dispensa a psicoterapia. E, contudo, nem a esse respeito o livro não deve ser subestimado. Possuo documentos univocamente conclusivos sobre pessoas que, após sofrerem graves neuroses por décadas, e terem se submetido sem êxito a tratamento por especialistas médicos, durante anos a fio, motivados só e unicamente pela leitura de um livro aplicaram, por si mesmos e independentemente, ao seu próprio caso, determinados métodos e técnicas da psicoterapia libertando-se de sua neurose.

A possibilidade de conferir-se ao livro função terapêutica ultrapassa de longe, contudo, o âmbito da patologia. Assim pode o

---

* Conferência inaugural da abertura da Semana do Livro de 1975, no Hofburg de Viena.

livro, mormente em crises existenciais a que por certo ninguém estará imune, simplesmente operar milagres. O livro certo na hora certa tem preservado não poucas pessoas do suicídio e isso nós psiquiatras sabemos por experiência própria. O livro presta, nesse sentido, autêntica ajuda para a vida – e para a morte. Não me refiro, no entanto, a livros lançados pela moda atual, em cujos títulos figuram estereótipos como *death and dying*, "morte e morrer", e nos quais se fala na morte como se esta não fosse mais do que um processo suscetível de ser dividido em tantas e tantas fases e possivelmente aberto à manipulação. A morte a que aludo é uma situação-limite, um aspecto daquela "tríade trágica" da existência – como gostaria de denominá-la – na qual se conjugam a morte, o sofrimento e a culpa. Tenho conhecimento de cartas escritas no leito da morte e outras contrabandeadas para fora do cárcere em que, invariavelmente e com visível emoção, se declara quanto um livro, por vezes uma frase apenas, pôde significar em situação de confinamento externo e abertura interior.

Tais efeitos terapêuticos podem ser potencializados ainda mais quando todo um grupo de pessoas se reúne e se cotiza no estudo comum de livros, seguido de debate sobre o respectivo conteúdo. Disponho de protocolos que mostram como entre os detentos de um presídio estadual da Flórida um grupo de estudo de forma inteiramente espontânea veio a constituir-se e que efeitos terapêuticos advieram da leitura em grupo:

> Nosso grupo compõe-se de nove detentos e nos encontramos duas vezes por semana. Devo declarar que conosco se verifica algo beirando ao milagre. Pessoas desajustadas e desesperançadas encontram um novo sentido em sua vida. Imagine que aqui, no presídio, sob dispositivos de segurança os mais duros de toda a Flórida, a apenas algumas centenas de metros de distância da cadeira elétrica, exatamente aqui os nossos sonhos se tornam realidade.

Releva observar que livros técnicos por si sós não o conseguem. Situações existem, e não poucas, em que é válido dizer-se: ali onde todas as palavras seriam pouco – qualquer palavra é demais. Somos então levados a buscar refúgio na palavra de um poeta. O diretor da famigerada penitenciária de San Quentin, que se encontra na proximidade de San Francisco, me convidara para dar uma palestra a detentos tidos como delinquentes no mais elevado grau. Depois que o fizera, um dos meus ouvintes se levantou e disse que as pessoas do *death row* (fileiras de celas de condenados à morte), cujas celas eram ocupadas por condenados à morte, tinham sido proibidos de virem assistir a conferência. Ele perguntou então se não me disporia a dirigir ao menos algumas palavras pelo microfone ao Senhor Mitchell, o qual dentro de poucos dias seria executado na câmara de gás. Eu me sentia impotente. Mas não poderia furtar-me ao atendimento do pedido. Improvisei então, dizendo-lhe: "Creia-me, Senhor Mitchell, de certo modo consigo compreender a sua situação. Afinal, eu mesmo fui obrigado a viver um tempo à sombra de uma câmara de gás. No entanto, creia-me, Senhor Mitchell, também naqueles momentos nunca me arredei um único instante de minha convicção íntima de que a vida, em todas as circunstâncias e situações imagináveis, possui um sentido. De fato, ou ela tem sentido, e nesse caso nunca perderá tal sentido, por breve que seja; ou ela não tem sentido algum, e nesse caso não passaria a tê-lo, por mais que durasse. Até mesmo uma vida que aparentemente desperdiçamos ainda pode ser, num último instante, enriquecida de sentido, uma vez que, por nosso autorreconhecimento, ultrapassamo-nos a nós mesmos". E sabem o que contara eu ao Senhor Mitchell? A história da morte de Ivan Ilyitsch, que nos foi legada por Tolstói. A história de um homem que inopinadamente se confrontara com a realidade de que já lhe restava pouco tempo de vida e que vem a compreender até que ponto arruinara sua vida. Mas precisamente a partir dessa compreensão ele cresce interiormente para além de si mesmo, de modo a ser capaz de inundar de sentido uma vida aparentemente vazia.

O Senhor Mitchell foi o último homem a morrer na câmara de gás de San Quentin. Já perto da morte deu ele uma entrevista ao *San Francisco Chronicle*, da qual se infere haver compreendido a mensagem da história da morte de Ivan Ilyitsch em todos os sentidos...

A fome de leitura dos jovens é conhecida. Instintivamente a juventude sabe que fontes de energia dela dimanam. Que outra explicação poderia ter o que, há decênios, aconteceu no campo de concentração de Theresienstadt? O transporte de aproximadamente mil pessoas jovens para o campo de concentração de Auschwitz teve de ser preparado, no dia seguinte. Ainda naquela manhã foi constatado que durante a noite fora assaltada a biblioteca do campo de concentração. É que cada um dos apostados para a morte tinha colocado na mochila obras de poetas de sua preferência e também livros científicos. Era como a provisão de víveres para a viagem para o (por sorte ainda) desconhecido. Diante disso, ousará alguém dizer-me que "primeiro vem o comer, depois a moral"?

Não somos cegos a ponto de admitir que o livro necessariamente tem efeitos positivos, ou seja, sabe Deus, uma bênção para o respectivo leitor. Não foi em último lugar que nos tornamos céticos no que diz respeito à popularização dos resultados de pesquisas científicas. Einstein expressou certa vez o entendimento de que o cientista se depara com a escolha entre escrever de modo inteligível, porém superficial, ou de modo profundo, porém incompreensível. Com tudo isso, a incompreensão de parte do leitor é ainda menos nociva do que a má compreensão. Mas também uma compreensão errônea pode ser inofensiva. Vem a propósito recordar aqui uma conferência proferida pelo psiquiatra nova-iorquino Binger, em linguagem acessível ao grande público, sobre a medicina psicossomática. Ao término da conferência foi-lhe perguntado onde se poderia adquirir um frasquinho desse remédio psicossomático.

Creio que o perigo da falta de compreensão esteja em outra parte. Uma ciência que, mais que popularizada, foi vulgarizada, facilmente leva o ser humano a uma má interpretação de si mesmo; sua autocompreensão fica deformada através da metade, da quarta ou da oitava parte de verdade que lhe é dita como se fosse a verdade toda. E qual a origem disso?

É comum ouvirmos pessoas se queixarem do fato de os cientistas serem por demais especializados. Parece-me que é exatamente o contrário que acontece. De lastimar não é a excessiva especialização dos cientistas. Lamentável é, isso sim, que os especialistas generalizem. Conhecemos os assim chamados *terribles simplificateurs*. Simplificam tudo. Mas também existem os *terribles généralisateurs*, como os chamaria. Os *terribles simplificateurs* reduzem tudo a um único aspecto. Os *terribles généralisateurs* não se limitam a um aspecto, generalizam tudo. Também, de que maneira produziriam um *best-seller*, de que maneira conseguiriam popularizar uma obra *sem* generalizar?

Sob a influência da doutrinação de massa, que se insinua nos próprios títulos de tais *best-sellers*, o leitor passa a não se entender a si mesmo como ser humano. Ao contrário – eu cito dois *best-sellers* –, considera-se um "macaco nu" e um aparelho e mecanismo "além da liberdade e da dignidade". A tal ponto leva o niilismo de hoje. O niilismo de ontem esvaía-se no palavrório sobre o nada. O niilismo de hoje se trai pelas palavras "nada senão..." O ser humano não é "nada senão" o produto das relações de produção, da hereditariedade e do meio, dos condicionamentos socioeconômicos e psicodinâmicos e das circunstâncias, e sabe o diabo o que mais. De uma maneira ou outra, o indivíduo é considerado uma vítima das circunstâncias, embora na realidade seja ele o criador das circunstâncias, pelo menos o seu formador e, sempre que for necessário, também o seu transformador.

Notoriamente uma psicologia profunda vulgarizada propicia ao leitor neurótico álibis em quantidade. Culpados por tudo o que fez são os complexos. Ele então por nada mais é responsável. Já não existe vontade livre. No entanto, que sábia resposta me deu certa vez uma paciente esquizofrênica, ao perguntar-lhe se *não* se sentia como sendo livre (em seu pensar e agir). Disse-me ela: "Sabe, doutor, eu tenho vontade livre, quando assim o quero. E, quando não o quero, não tenho vontade livre". E, no que concerne particularmente aos complexos, escreveu-me certa vez uma não paciente: "Tenho atrás de mim uma infância terrível. Cresci num *broken home* (lar destruído) e sofri amarga penúria. E, contudo, eu não quereria prescindir de todas as experiências apavorantes que vivi e senti na minha infância, pois estou convencida de que muito de positivo resultou para mim de tudo isso. Complexos? O único complexo de que eu sofro é o de pensar que propriamente eu deveria ter complexos, sem na realidade ter nenhum".

A conversa sobre o "nada senão", ou, como também se denomina tal posicionamento frente ao ser humano, o reducionismo, é apenas um aspecto do niilismo contemporâneo. O outro aspecto é o cinismo. É considerado chique divertir-se às custas do mundo sadio, ridicularizar e difamar o sujeito. Obviamente não faz parte da missão da literatura enfeitar a realidade, ou apresentá-la como inócua. Certamente, no entanto, não lhe será alheia a tarefa de, além da realidade, fazer refulgir uma possibilidade, a possibilidade de mudar-se tal realidade, a possibilidade de uma transformação dessa realidade. O mundo vai de mal a pior – a quem deve isso ser dito? O mundo está doente. Fique claro, contudo, que me repugna como médico dar-me por satisfeito em constatá-lo. O mundo não está são, mas é curável. E uma literatura que se omite em ser, nesse sentido, um instrumento de cura e de participar da luta contra a doença do espírito da época – *Krankheit des Zeitgeistes* – não é uma terapia, mas um sintoma de uma neurose coletiva, a qual ainda reforça. Quando o escritor é incapaz de imunizar o leitor contra o desespero, deveria, pelo menos, abster-se de intoxicá-lo ainda mais.

A neurose coletiva de hoje caracteriza-se por um sentimento de ausência de sentido em dimensão universal. O ser humano atual, ao contrário do que ocorria ao tempo de Sigmund Freud, já não é sexualmente frustrado, mas existencialmente frustrado. E hoje sofre menos, comparado ao tempo de Alfred Adler, de um sentimento de inferioridade do que de um sentimento de falta de sentido, precedido por um sentimento de vazio, de um vazio existencial. Atualmente [sic] se pode observar isso nos países do bloco comunista e até do Terceiro Mundo. Em relação a tal fato, o neurologista tcheco Professor Vymetal pôde constatar que "essa doença da atualidade, a perda do sentido da vida, em especial pelos jovens, sem passaporte autorizado, transpõe as fronteiras entre a ordem social capitalista e socialista". Quando me perguntam como explico o incremento do sentimento de ausência de sentido respondo que, ao contrário do que sucede com o animal, nenhum instinto indica ao ser humano o que ele *precisa* fazer e, contrariamente ao que ocorria com o sujeito do passado, nenhuma tradição lhe indica o que *deve* fazer. E, no presente, parece que já não sabe o que efetivamente quer. Acontece dessa sorte ou de ele somente querer o que os outros fazem – e aí temos o conformismo –, ou de limitar-se a fazer o que os outros querem dele – e aí temos o totalitarismo.

Mediante testes tem sido possível comprovar que o sentimento de ausência de sentido é mais comum entre pessoas jovens. O engenheiro Hebinger pôde, à luz de uma amostragem estatística, constatar que, em 500 aprendizes vienenses, nos últimos anos, aumentara de 30 a 80% tal sentimento. No que concerne à América do Norte, meus colaboradores da United States International University lograram comprovar que fenômenos de âmbito mundial e em franco recrudescimento, como agressividade relacionada com criminalidade, dependência de drogas e suicídio, no fundo emergem de uma só causa, a falta de sentido. Entre os estudantes norte-americanos se tem registrado, como causas de morte violenta, acidentes de trânsito em primeiro lugar, e, em segundo lugar, o suicídio. Além disso, as tentativas de suicídio são 15 vezes mais frequentes, sem se levar em conta a cifra ainda não computável. Por sorte, pois nós médicos não devemos pensar apenas em termos terapêuticos, mas também em termos profiláticos.

E, no que respeita à problemática do suicídio, a publicidade não pode ser considerada de todo inócua. Talvez seja suficiente, como reforço de tal entendimento, referir algo ocorrido em Detroit. Naquela cidade diminuíram a frequência dos suicídios para, em seis semanas, aumentar novamente. Nesse mesmo espaço de tempo de seis semanas tinha havido uma greve do pessoal dos órgãos de imprensa e as notícias de suicídios e tentativas de suicídio não haviam podido ser divulgadas[14].

Na verdade, manda a prudência que nem tudo se diga. Quando afiro a pressão arterial de um paciente e verifico que está em, digamos, 16, e revelo isso ao paciente, já não é mais 16, porque, nesse ínterim, a pressão terá subido para 18. E o paciente teme um ataque cardíaco. Se responder porém, à sua interrogação temerosa, que a sua pressão sanguínea está normal, que, portanto, nada tem a recear, o paciente se acalma e a pressão efetivamente baixa para 14.

Voltando ao sentimento de ausência de sentido, pergunte-mo-nos de que modo "o livro como instrumento terapêutico" poderia ser utilizado no combate à neurose coletiva de hoje. Antes de tudo, ao que me parece, em três frentes, contra três aspectos atuais e pungentes: a neurose dominical, a crise da aposentadoria e a neurose do desemprego.

Nos fins de semana, especialmente aos domingos, com a interrupção das atividades da semana, o sentimento de ausência de sentido vem à tona com maior intensidade. Por via de consequência, instala-se uma depressão típica, que se tem designado como

---

14. O psicólogo educacional do Conselho Municipal de Educação de Viena, Kraft, informa sobre um experimento efetuado na Suíça. Num cantão a mídia, por consenso geral, pelo prazo de um ano, deixou de noticiar os suicídios – o que reduziu a um décimo o número de suicídios (*Die Presse*, 14-15, II, 1981, seite 5).

neurose dominical. E esta parece encontrar-se em franco aumento de incidência. Com efeito, isso se infere de constatação feita pelo Instituto para a Demografia de Allensbach, segundo a qual era de 26% em 1952 o número de pessoas para as quais o tempo transcorria com demasiada lentidão aos domingos, sendo que hoje atinge a média de 37%.

Algo análogo se verifica quanto à crise da aposentadoria, o declínio psicossomático de pessoas que, afora a atividade profissional, mal conheciam outro conteúdo de vida. Logo que, libertos da carga de obrigações funcionais ou empregatícias, ao se confrontarem com o vazio literalmente desmoronam. Por outro lado, podemos combater o declínio psicofísico da idade conservando-nos ativos, não apenas fisicamente mas também no plano psíquico. E para esse fim o livro desempenha relevante papel, não somente como veículo terapêutico mas outrossim como elemento profilático. Significativamente, jamais vira eu tantos livros empilhados sobre a escrivaninha de alguém como na sala de trabalho do Professor Berze, um ex-diretor do Hospital Psiquiátrico Steinhof, o qual faleceu no seu nonagésimo primeiro ano de vida, cheio de vigor espiritual e dinamismo.

Quanto à neurose de desemprego, trata-se de uma doença que descrevi em 1933, no *Sozialärztlichen Rundschau* (*Informativo médico-social*), com base em experiências que no contexto de uma campanha intitulada "Juventude em Perigo", deflagrada pela Câmara do Trabalho, pude reunir. Fora constatado que o perigo não era simplesmente restrito ao campo econômico, mas era também de natureza psíquica. A vida sem trabalho afigurava-se às pessoas como destituída de sentido. Elas próprias se sentiam inúteis. O fator mais deprimente não era a falta de ocupação em si mesma, porém o sentimento de ausência de sentido. O ser humano não vive apenas do seguro-desemprego.

Em contraste com a dos anos de 1930, a crise econômica de hoje pode ser atribuída a uma crise energética. Para assombro nosso, tem sido imperioso constatar que as fontes de energia não são inexauríveis. Espero que não me tenham por frívolo quando ouso sustentar que a crise energética e o subsequente decréscimo de desenvolvimento econômico, no que tange à nossa frustrada vontade para o sentido, propicia-nos uma oportunidade única. Temos a oportunidade de darmos sentido-a-nós-mesmos. Na era da sociedade do desperdício, a maioria das pessoas tinha *do que* viver. Mas muitos não sabiam para *que* viver. Quem sabe, estaríamos por testemunhar um deslocamento da tônica dos meios-de-vida para a finalidade-da-vida e para o sentido-da-vida. E, contrariamente ao que se verifica quanto às fontes de energia, o sentido é inexaurível. No entanto, nada seria capaz de dinamizar de forma mais catalisadora o sentido quanto o livro. Que o ser humano instintivamente sabe da possibilidade que lhe é ensejada para, em épocas de depressão econômica, pelo menos ficar senhor da situação, pode ser comprovado pelo aumento da venda e leitura de livros exatamente em países atingidos pelo desemprego em massa.

A isso acresce que, contrariamente aos meios de comunicação de massa e ao deixar-se-inundar-de-informações que induzem o homem, o livro promove o ser-seletivo. Não se pode ligar e desligar o livro como se faz com um aparelho de rádio ou de televisão. O manuseio do livro tem como pressuposto uma decisão. É preciso adquiri-lo, ou pelo menos tomá-lo de empréstimo. É preciso que seja lido e a sua leitura demanda intervalos de reflexão. Em meio ao mundo do trabalho ameaçado de desumanização, o ser humano espalha ilhas, nas quais pode não somente entreter-se, mas também pensar, não apenas distrair-se, mas também recolher-se. O tempo livre empregado na leitura lhe é útil não para a fuga de si mesmo, de seu próprio vazio, mas permite-lhe "voltar a si". Em suma, o livro não lhe serve para uma disposição centrífuga de seu lazer, mas para um lazer centrípeto. Alivia-nos da pressão do desempenho, da *vita activa*, e nos reconvoca à *vita contemplativa*, à existência contemplativa, quando menos, de vez em quando.

Em que consistirá a missão e a responsabilidade do comércio do livro? Que, de saída e de forma radical, reconheça no ser humano uma vontade para o sentido da existência, tão frustrada nos dias atuais. Enquanto de antemão nos ativermos à ideia de que o leitor seja um tolo, não somente permanece ele tolo de verdade, mas aí mesmo é que se torna ele um tolo. Há idiotas que somente se tornam desse jeito porque um psiquiatra uma vez assim os considerara. Sinto muito, mas devo concluir esta conferência inaugural assim como o faria um estudante de grau médio num ensaio de oratória, com uma citação de Goethe: "Se aceitarmos o homem como ele é, nós o tornamos pior. Mas se o aceitarmos como deve ser, nós o tornamos o que ele poderá ser".

Conecte-se conosco:

 facebook.com/editoravozes

 @editoravozes

 @editora_vozes

 youtube.com/editoravozes

 +55 24 2233-9033

www.vozes.com.br

Conheça nossas lojas:

www.livrariavozes.com.br

Belo Horizonte – Brasília – Campinas – Cuiabá – Curitiba
Fortaleza – Juiz de Fora – Petrópolis – Recife – São Paulo

  Vozes de Bolso

EDITORA VOZES LTDA.
Rua Frei Luís, 100 – Centro – Cep 25689-900 – Petrópolis, RJ
Tel.: (24) 2233-9000 – E-mail: vendas@vozes.com.br